MADRI NARCISISTE

Come difendersi da una madre narcisista e guarire dal C-PTSD

Caroline Foster

Narcissistic Mothers: How to Handle a Narcissistic Parent and Recover from CPTSD

Traduzione italiana a cura di Stefania Fiore

Copyright © 2020-2022 by Caroline Foster

Tutti i diritti riservati. Nessuna parte di questo libro può essere riprodotta, archiviata in un sistema di archiviazione o trasmessa in qualsiasi forma o con qualsiasi mezzo - elettronico, meccanico, di registrazione o altro - tranne che per una breve citazione in recensioni, senza la previa autorizzazione scritta dell'editore o dell'autore.

Note legali. Le informazioni contenute in questo documento sono solo a scopo educativo e di intrattenimento. È stato compiuto ogni sforzo per presentare informazioni accurate, aggiornate e affidabili e complete. Nessuna garanzia di alcun tipo viene dichiarata o implicita. I lettori riconoscono che l'autore non è impegnato nella fornitura di consulenza legale, finanziaria, medica o professionale. Il contenuto di questo libro è stato derivato da varie fonti. Si prega di consultare un professionista autorizzato prima di tentare qualsiasi tecnica descritta in questo libro. In nessuna circostanza, nessuna responsabilità di alcun tipo potrà essere attribuita all'editore o all'autore per eventuali danni, riparazioni o perdite monetarie dovute alle informazioni contenute in questo libro, direttamente o indirettamente.

Indice

NOTE DELL'AUTORE 7
INTRODUZIONE 9
CAPITOLO 1 RICONOSCERE IL PROBLEMA 11
1.1 Che cos'è il narcisismo patologico 11
1.2 Nella mente del narcisista 13
1.3 Tipi di narcisismo 15
1.4 Strategie di manipolazione del narcisista 18
1.5 I narcisisti patologici come genitori 26
1.6 Segni dell'accudimento narcisistico 27
CAPITOLO 2 MADRI NARCISISTE 33
2.1 Complici (enablers) 34
2.2 I diversi ruoli che la madre narcisista assegna ai propri figli. 37
2.3 Tipi di madre narcisista 48
2.4 Le madri narcisiste e i figli maschi 53
2.5 Le madri narcisiste e le figlie femmine 61
2.6 Effetti dell'abuso narcisistico sui figli adulti 66
CAPITOLO 3 SOLUZIONI 69
3.1 Come proteggersi da una madre narcisista. 69
3.2 Come affrontare una madre narcisista se vivi con lei 73
3.3 Prendere le distanze dalla madre narcisista 75
3.4 Recupera il tuo potere 78
3.5 Consigli pratici per emanciparsi dalla famiglia patologica. 81
3.6 Accudire l'anziana madre narcisista 84
CAPITOLO 4 GUARIGIONE 87

4.1 Disturbo da stress post-traumatico complesso (C-PTSD) 87
    Flashback emotivi 87
    Vergogna patologica 92
    Auto-abbandono 94
    Critica interiore... 98
    Ansia sociale 101
4.2 Consigli per l'auto-guarigione...107
CONCLUSIONI 111

NOTE DELL'AUTORE

I MIEI LIBRI sono rivolti a quanti hanno relazioni con persone patologicamente narcisiste in differenti contesti. Non scrivo per sbandierare la mia erudizione o esibire le mie credenziali.

I miei libri sono semplici e non contengono riferimenti bibliografici a pubblicazioni accademiche, perché le vittime di abuso narcisistico non sono interessate a tali riferimenti. Semplicemente, riconosceranno la verità leggendola, perché hanno vissuto in prima persona le situazioni descritte ed analizzate.

Inoltre, non sono una scrittrice di romanzi. Se desiderate una scrittura avvincente per ragioni di intrattenimento personale, i miei libri non fanno per voi.

Caro lettore, io tengo a te ed anche se non è possibile guarire dal trauma complesso semplicemente leggendo un libro, spero che il mio lavoro faccia la differenza nel tuo percorso. Questa è la mia ambizione e ti auguro il meglio.

INTRODUZIONE

Inizio questo libro riflettendo su quanto sia difficile considerare una madre come fonte di qualcosa di negativo per la vita dei suoi figli. Infatti, in qualsiasi contesto religioso o culturale, ovunque nel mondo, la figura materna è venerata. Questa è una cosa buona e giusta! Ma dobbiamo anche essere molto prudenti, perché la considerazione ultra-positiva della figura materna protegge le madri degeneri, psicologicamente o fisicamente violente, e favorisce i traumi transgenerazionali, mantenendo l'abuso nascosto e negato.

Il tabù di attribuire alla figura materna caratteristiche negative impedisce alle vittime di madri narcisiste di cercare e trovare aiuto. Infatti, i figli di genitori narcisisti sono spesso vittime della vergogna e dei sensi di colpa che li portano a tenere segreto tutto quanto avviene in famiglia, anche se sta rovinando le loro vite. Sfortunatamente, reprimendo il trauma e tutte le emozioni negative conseguenti, si arriva a perdere la gioia di vivere. Le emozioni negative che non vengono elaborate e dissipate continuano a lavorare dentro di noi, creando ferite difficili da rimarginare, portando sofferenza e distruzione nelle nostre vite.

Per questo, la questione delle madri "*tossiche*" deve essere affrontata anche se sfida lo status quo. Essere abusati da una madre narcisista fa sentire molto spesso non amati e incompresi. È difficile confidare la propria situazione, perché i narcisisti (ed in particolare le madri narcisiste) sono molto abili nel creare l'immagine della famiglia perfetta e felice al di fuori delle mura domestiche. L'idea che qualcosa non vada all'interno della famiglia può sembrare incredibile per un osservatore esterno, specialmente quando a sostenerlo è un bambino. Quest'ultimo difficilmente sarebbe creduto e compreso qualora tentasse di esprimere il proprio disagio, per diverse ragioni. Prima fra tutte, lo ripetiamo, il fatto che la madre crea un'immagine di facciata difficile da penetrare. Secondo, i bambini non hanno la maturità linguistica, psicologica ed emotiva per esprimere i propri bisogni e comprendere esattamente le situazioni, per cui è molto difficile per gli altri comprendere le loro richieste di aiuto e segnali di malessere.

Questo quadro peggiora nel tempo e moltissimi figli di madri narcisiste soffrono in silenzio per gran parte della loro vita. Le loro madri li tormentano fino all'ultimo; perfino in punto di morte alcune madri patologiche tormentano emotivamente e psicologicamente i loro figli ormai adulti.

È importante riconoscere che vi sono molte ferite invisibili accumulate negli anni, perché nell'ambito di una famiglia dominata da un narcisista vi sono dinamiche tossiche non sempre evidenti. Queste sono le situazioni più dolorose, che lasciano un residuo traumatico maggiore e causano un trauma evolutivo complesso. Trattare queste *"ferite invisibili"* è molto difficile, perché non vi è un singolo evento traumatico, ma l'intera vita è traumatica. Si tratta di una serie di piccoli ma ripetuti eventi traumatici che ti hanno fatto sentire continuamente senza valore e ti hanno messo a tacere. Crescendo in una famiglia disfunzionale, ti senti come se ci fosse qualcosa di sbagliato in te ed in qualche modo fossi danneggiato. Non riesci nemmeno pensare autonomamente, perché sei troppo condizionato dall'opinione degli altri. Soffri in silenzio e a volte non lo ammetti nemmeno con te stesso.

Il percorso di guarigione è lungo e difficile, impossibile senza l'aiuto di uno psicoterapeuta, ma con questo libro voglio aiutarti a fare un passo nella giusta direzione, perché meriti di essere felice.

CAPITOLO 1
RICONOSCERE IL PROBLEMA

1.1 Che cos'è il narcisismo patologico

COMINCIAMO DA QUI: il narcisismo è un grave disturbo di personalità e solo un professionista (psichiatra o psicoterapeuta) può diagnosticarlo. Il narcisismo patologico ha diversi livelli di gravità ed i professionisti utilizzano diversi test per valutare lo spettro narcisistico in cui il paziente ricade. Ma anche tutto ciò considerato, rimane difficile attribuire con assoluta certezza un disturbo di personalità.

Il DSM (*Diagnostic and Statistical Manual of Mental Disorders*) pubblicato dall'Associazione Psichiatrica Americana, fornisce dei criteri per identificare un narcisista patologico. In particolare, per poter diagnosticare un disturbo narcisistico di personalità è necessario che il soggetto esaminato possieda almeno cinque caratteristiche fra le seguenti nove riportate:

- Avere un senso grandioso di sé e della propria importanza. Per esempio, esagerare risultati o talenti posseduti ed aspettarsi di essere considerati superiori.

- Essere pervasi da fantasie di successo illimitato, potere, bellezza o amori idilliaci.

- Credere di essere speciali e per questo meritare di frequentare esclusivamente persone di alto profilo sociale, ambienti altolocati ed istituzioni prestigiose.

- Pretendere ammirazione in modo eccessivo.

- Sentirsi privilegiati ed aspettarsi irragionevolmente trattamenti di favore, nonché il soddisfacimento di tutte le proprie aspettative.

- Sfruttare gli altri per raggiungere i propri scopi e soddisfare i propri desideri.

- Mancanza totale di empatia e incapacità di riconoscere gli altrui sentimenti e bisogni.

- Essere invidiosi e pensare che gli altri lo siano altrettanto.

- Mostrare atteggiamenti e comportamenti arroganti.

Già disponendo di queste informazioni potresti essere in grado di analizzare la tua situazione in particolare. È importante distinguere il narcisismo patologico, che è un grave disturbo di personalità, dai semplici egoismo ed egocentrismo presenti in diversa misura in ognuno di noi. Il narcisismo non è egoismo e/o egocentrismo estremi. Il fatto che qualcuno mostri uno o due tratti elencati precedentemente non significa che sia patologicamente narcisista.

Il narcisismo patologico è molto più di una serie di caratteristiche, è una struttura patologica di personalità. I disturbi di personalità sono classificati in diversi gruppi aventi caratteristiche comuni, o Cluster. Il disturbo narcisistico rientra nel Cluster B. I soggetti che ricadono in questo cluster di disturbi di personalità hanno relazioni squilibrate, sono incapaci di intimità e hanno difficoltà a mantenere relazioni di lunga durata. Tutte queste caratteristiche hanno un'entità tale da influenzare il comportamento quotidiano della persona, causando problemi evidenti a chi gli sta vicino.

1.2 Nella mente del narcisista

Procediamo ora con l'analisi di alcuni pensieri tipici dei narcisisti.

"Sono il migliore"

Una caratteristica tipica dei narcisisti patologici è la grandiosità: uno smisurato senso di grandezza, un ego enorme e la conseguente idea che tutto il mondo ruoti attorno a loro. Per questo, i narcisisti ritengono di meritare privilegi speciali e di non dover rispettare gli spazi altrui nelle relazioni. Hanno spesso poco riguardo per l'educazione o il protocollo, si aspettano di godere di un trattamento speciale e dell'ammirazione di chi li circonda. In realtà tutta quest'arroganza nasconde una paura profonda di essere svalutati ed un'inconscia mancanza di autostima.

"Ho sempre ragione"

I narcisisti non sono influenzati come noi dalle esperienze quotidiane. Nella vita quotidiana si alternano situazioni positive e negative che ci aiutano maturare emotivamente e psicologicamente - per esempio acquisiamo una visione più realistica della vita, come funziona, cosa ci dobbiamo aspettare o meno. Ma i narcisisti sono refrattari all'introspezione e non contemplano la possibilità di avere torto. Piuttosto, hanno la tendenza a proiettare sugli altri i loro difetti. Dietro questa facciata di arroganza e superiorità, in realtà si nascondono un senso di vuoto e quasi totale mancanza di introspezione.

"Devi essere come me"

Nelle relazioni interpersonali i narcisisti usano la stessa strategia con tutti. Sono abili nel mettere gli altri su un piedistallo, per poi farli precipitare. Idealizzano e poi svalutano in un attimo. Se hai delle qualità, talento e bellezza, i narcisisti ti idealizzano. Ma non appena farai o dirai qualcosa che non approvano, ti svaluteranno e cercheranno di mortificarti. Non sono in grado di capire che le persone possono vedere le cose diversamente da loro, o vivere in un modo diverso da quello che loro approvano. È molto facile per loro svalutare gli altri.

1.3 Tipi di narcisismo

Siccome il narcisismo si estende lungo uno spettro, possiamo individuare due subcategorie di narcisisti: il narcisista estroverso (*overt*) ed il narcisista introverso (*covert*).

Narcisismo estroverso (*Overt*)

Il narcisista *overt* mostra chiaramente un esasperato atteggiamento di superiorità. Questi narcisisti pensano di essere molto brillanti ed hanno uno spiccato senso di superiorità. Nelle loro relazioni con gli altri sono dominanti, competitivi e manipolatori. Sono molto aggressivi e cercano di scalare qualsiasi gerarchia nel più breve tempo possibile. Usano gli altri per i propri scopi e quando non gli sono più utili li scartano, trattandoli con sufficienza o ignorandoti completamente, come se non fossero mai esistiti.

I narcisisti *overt* mostrano alcune emozioni; possono mostrare entusiasmo, vitalità e per questo risultano affascinanti. D'altra parte, non possono far fronte alla noia e sono incapaci di profonda introspezione. Mostrano rabbia alla minima resistenza, in particolare se non riescono a farsi strada. Sono anche gelosi ed invidiosi. Il narcisista *overt* è estroverso, pieno di energia, si avvicina facilmente alle persone, è spesso impulsivo, corre molti rischi, ha poca consapevolezza di sé e cercherà sempre la via più breve per ottenere ciò che vuole. In tutto ciò, appare sempre in splendida forma.

Narcisismo introverso (*Covert*)

Conosciuti anche come narcisisti "*vulnerabili*", i narcisisti introversi o *covert* non sono facilmente riconoscibili. Non significa però che essi nascondano consapevolmente il proprio disturbo narcisistico. Piuttosto, la loro personalità è strutturata in modo tale che i tratti narcisistici non risultano così evidenti. A differenza degli *overt*, i narcisisti *covert* sono più consapevoli degli effetti delle loro azioni ed alternano manifestazioni di superiorità ed inferiorità. Si comportano in modo molto sottile, sono spesso autoreferenziali ma possono essere dolorosamente sensibili. Non fanno carriera agevolmente perché sono molto sensibili alle critiche. Sono dominati da un senso di inferiorità e covano sentimenti di invidia verso i loro superiori o chiunque abbia successo.

Non utilizzano il fascino e la seduzione per gestire le persone, piuttosto tendono a presentarsi come vittime. I narcisisti *covert* sono consapevoli delle norme sociali e mostrano un alto livello di conformismo. Ciò significa che in pubblico non mostreranno la loro aggressività, ma si scateneranno in privato. Sono maestri di sarcasmo e disprezzo verso le figure dominanti. Nel mondo del lavoro occupano posizioni intermedie, che danno loro il potere sufficiente per infliggere dolore agli altri. Mostrano tratti ossessivi e depressivi. Sono timidi e pacati ma attuano un comportamento passivo-aggressivo.

Il narcisismo *covert* si estende su tre livelli di progressiva gravità:

Introverso ipersensibile

A questo livello i narcisisti *covert* sono introversi e timidi, tendono ad avere una visione negativa delle cose. Sono sensibili alle critiche e spesso si sentono emarginati. Possono provare odio verso se stessi e gli altri e senso di inadeguatezza.

L'inquisitore rancoroso

A questo livello, i narcisisti sono incapaci di migliorare la propria vita e tendono a dare la colpa agli altri per i loro fallimenti. Cominciano a vedersi come emarginati, sviluppando sentimenti di intensa ostilità ulteriormente alimentati dal loro status sociale inferiore. Usano l'aggressività e la manipolazione per punire le loro vittime.

I narcisisti a questo livello spesso non hanno il coraggio di confrontarsi direttamente con le persone che ritengono abbiano fatto loro del male; sceglieranno invece un capro espiatorio per regolare le proprie emozioni quando le cose non vanno bene. Sono frustrati e mettono in atto comportamenti autolesionistici e masochistici. Il loro capro espiatorio subirà tutti i loro sfoghi. Utilizzeranno in modo improprio i loro poteri per sminuire, diffamare, confondere e frustrare le loro vittime.

Il vendicatore punitivo

A questo livello, il narcisista passa dallo sfogarsi contro il capro espiatorio alla distruzione dei nemici percepiti. Qui si raggiunge un livello pericoloso e squilibrato, guidato da un misto di psicopatia, machiavellismo e narcisismo. Il complesso vittimistico diventa delirante ed il soggetto assume il ruolo di giudice, giuria e carnefice.

Cominciano a mostrare un forte ed attivo desiderio di punire le persone. Noterai solitudine, isolamento e fantasie di vendetta. La crisi a questo livello è pericolosa. La perdita del lavoro o di una relazione può avere esiti catastrofici. Possono mettere in atto omicidi, stragi o sparatorie. Se sei vittima di questo narcisista, noterai un progredire dall'introversione, dalla nevrosi, dal sentimento di inutilità al desiderio di vendicarsi fattivamente di coloro che identifica come cause dei suoi fallimenti.

1.4 Strategie di manipolazione del narcisista

Tutti i narcisisti bramano il controllo, non importa dove si collochino nello spettro narcisistico. I metodi di controllo sono diversi e variano per intensità ed effetti, arrivando fino ad indurre la vittima a dubitare della propria sanità mentale. I narcisisti *covert* di solito adottano un comportamento passivo-aggressivo per controllare le loro vittime.

Il *trattamento del silenzio* è abbastanza comune: fanno finta di non sentirti o se ne vanno a metà della conversazione, specialmente se riguarda qualcosa che è molto importante per te. Il trattamento del silenzio è una forma implicita di delegittimazione. Volutamente negano la loro approvazione o risposta se sanno che vuoi la loro attenzione. I narcisisti vogliono far sentire gli altri insignificanti e indegni di attenzione. Più mostri di soffrire per questo loro comportamento, più si sentono potenti e hanno conferma di poterti facilmente controllare.

Altri **metodi passivo-aggressivi** includono atteggiamenti dominanti, con un linguaggio del corpo opprimente. I narcisisti possono avere un atteggiamento altezzoso, con uno sguardo molto profondo e freddo. La trappola scatta nel momento in cui le persone vogliono sapere perché il narcisista li sta trattando in questo modo. Non sanno cosa stanno facendo di sbagliato e vogliono risposte. La verità è che il narcisista ricerca con questi comportamenti una sensazione di grandiosità, che gli deriva dalla reazione della vittima. Il suo comportamento non dipende dalle tue azioni o dal tuo modo di essere, anche se il narcisista cercherà di farti credere il contrario e suscitare in te dubbi e sensi di colpa.

Alcuni narcisisti sono maestri di *vittimismo*. Possono raccontare storie strappalacrime, fallimenti, sventure ed esagerare la sofferenza che sperimentano per far leva sull'empatia altrui. A lungo termine, vivrai situazioni che sembrano prove di lealtà. Molto probabilmente finirai per spendere gran parte della vita a sostenere quanto sia unico e speciale il narcisista. Questo è un complesso di superiorità che sfrutta la tua empatia e, come se non bastasse, il narcisista non sarà mai soddisfatto del tuo sforzo. Non importa quanto provi a dimostrare la tua lealtà; il narcisista non riconoscerà mai tutto l'aiuto che gli hai dato. Alla fine, con il suo vittimismo ti farà sentire che non hai fatto abbastanza. Il vittimismo è un metodo di controllo molto efficace.

La beffa, l'umiliazione pubblica e la critica sono strumenti che il narcisista usa per stabilire il controllo. Un'osservazione sarcastica sul tuo aspetto, un commento su quanto sei sciocco, sono strumenti indiretti che il narcisista usa per un vantaggio personale. Se poi reagisci in pubblico, si giustificano con frasi del tipo "*Oh, era solo uno scherzo!*", "*Oh, non essere così suscettibile!*", "*Stai solo esagerando*", o "*È solo per il tuo bene, la verità fa male*". In questo modo appaiono rispettabili e se il pubblico ride, il narcisista sente prova appagamento vedendo il tuo disagio. I narcisisti alimentano il proprio ego tormentando, schernendo e punendo chiunque sia il loro bersaglio prescelto. Ottengono il controllo suscitando una reazione emotiva.

Creano drammi ed inventano storie. Possono inventarsi una storia solo per provocare una reazione emotiva. Cercano i tuoi punti deboli emozionali in modo da poterli attaccare per divertimento e intrattenimento. Le reazioni della vittima sono per il narcisista una conferma del suo potere e dominio, facendolo sentire superiore e importante. Un narcisista vorrà anche controllare il tuo livello di sicurezza e autostima. Se reagisci ribellandoti alle sue manipolazioni, proietterà su di te la sua stessa aggressività, accusandoti di essere aggressivo mentre stai solo cercando di essere assertivo ed affermare le tue ragioni.

I narcisisti stabiliscono il controllo usando lotte di potere, manipolazioni e altri metodi sottili. Sono anche bravi ad usare la **paura** come strumento di tortura. Utilizzeranno avvertimenti e previsioni, predicendo quanto le cose vadano male e quanto siano state terribili, pronosticando che le tue azioni ti causeranno solo dolore nel lungo termine. Il motivo è semplice: se hai paura, sei più facilmente manipolabile. Se a questo si aggiunge la tua paranoia, si forma un legame di dipendenza tra voi due. Infatti, se il narcisista diventa fonte di saggezza, speranza e sicurezza, il suo potere di controllo aumenta. I narcisisti godranno nel vederti mettere in discussione la tua sanità mentale, perché se i loro dubbi possono influenzare la tua decisione allora questo dimostra il loro potere.

I narcisisti intimidiscono le loro vittime per indurle a fare una scelta a loro vantaggio. Faranno tutto il necessario per sabotare il tuo successo perché questa è la prova del loro potere su di te. Vogliono che ti rivolgi solo a loro e li consideri un'autorità riguardo tutti gli aspetti nella tua vita. Più dipendi da loro, più sono in grado di controllarti.

Mostrare una reazione negativa alla manipolazione del narcisista incentiva la sua azione poiché le tue emozioni sono per lui una gratificazione, dimostrano la sua superiorità e affermano la tua inferiorità. Pertanto, sii consapevole delle tue reazioni emotive. Impara il discernimento e come gestire il tuo stato emotivo per evitare reazioni impulsive. Questo richiede un po' di pratica, ma è un'abilità che vale la pena padroneggiare che andrà a beneficio di tutte le aree della tua vita.

Alcuni narcisisti manipolano attraverso la *segretezza*. Per giustificarsi cercano di sostenere che privacy e segretezza sono la stessa cosa, ma non è così: la segretezza viene utilizzata per nascondere informazioni, mentre la privacy viene utilizzata per proteggere dati sensibili. I narcisisti potrebbero sostenere che ti stanno proteggendo da qualcosa per il tuo bene, quando in realtà nascondono qualcosa che potrebbe distruggere la loro immagine illusoria di superiorità. Per questo potrebbero nascondere dipendenze, storie di abusi e violenza, problemi finanziari o legali, il loro stato civile, praticamente qualsiasi cosa.

Utilizzeranno la segretezza anche per apparire misteriosi ed intriganti, il che può risultare attraente per una persona ignara. La segretezza è ciò che un narcisista usa per mantenere il controllo. La segretezza implica anche chiudere un occhio sul fatto di aver commesso un errore. Non è insolito che un narcisista chieda alla propria vittima di dimostrare la propria lealtà chiudendo un occhio sugli abusi o su qualche tipo di ingiustizia da loro perpetrata. Dal momento che i narcisisti mancano di empatia, non si cureranno del fatto che dimostrando la tua lealtà nei loro confronti, mantenendo i loro segreti, ti stai compromettendo.

È importante ricordare che la segretezza non è parte di alcuna relazione veramente sana. I narcisisti si aspettano anche che tu mantenga segreti i loro episodi di rabbia, quindi ti terrorizzano in segreto. Si aspettano che tu partecipi al loro gioco manipolatorio, diventando in parte carnefice di te stesso.

Gaslighting

Il *gaslighting* è una forma di manipolazione psicologica che si verifica quando il narcisista cerca di seminare il dubbio nella sua vittima, in modo da farle mettere in discussione la sua memoria, percezione e sanità mentale. I narcisisti tentano di destabilizzare psicologicamente e cercano di invalidare la legittimità dell'esperienza della vittima sulla propria realtà. È una forma di bullismo psicologico, di lavaggio del cervello.

Puoi identificare i narcisisti "*gaslighter*" quando ti accusano di avere problemi che loro stessi hanno. Possono diffondere disinformazione su di te ed iniziare una campagna diffamatoria per rovinare la tua reputazione. Se non hai una presa salda sui fatti e una solida autostima, questa tattica può destabilizzare la tua sanità mentale. I narcisisti con il *gaslighting* possono riempire la tua mente di ogni sorta di fantasie e paure che minano la tua autostima. Una volta instillata la paura, diventa più facile manipolarti.

Anche la **propaganda** è una componente del *gaslighting*. I narcisisti ti fanno credere che la loro prospettiva sia l'unico modo per vedere una situazione. Questa prospettiva conterrà mezze verità, idee esagerate, opinioni non verificate allo scopo di indottrinarti e costringerti a diffidare della tua capacità di discernimento e conseguentemente cedere a loro il controllo sulla tua vita. Questo è un metodo di controllo mentale che crea dipendenza da qualcuno visto come un'autorità.

È fondamentalmente uno sforzo strategico per manipolare gli altri in questo modo. Le strategie di manipolazioni includono: non dire tutta la verità, fare generalizzazioni, insistere su una versione parziale degli eventi, presentare certi dati fuori dal loro contesto, alterare il resoconto delle vostre conversazioni, omettere alcuni particolari importanti per screditarti e mostrarti che ti senti pazzo e sembri pazzo per gli altri. Le relazioni con queste persone ti faranno dubitare della tua sanità mentale.

Il narcisista *gaslighter* è molto efficace nella strategia dell'isolamento. Se provi a cercare un aiuto esterno nella relazione, per dare un senso a situazioni difficili, boicotteranno e screditeranno queste influenze esterne. Ad esempio, se dici di voler consultare un terapeuta per i tuoi problemi, molto probabilmente ti diranno che il terapista non è qualificato, o lo useranno come un'opportunità per convalidare la tua follia, con affermazioni del tipo "*Vedi, ecco perché stai consultando uno strizzacervelli, non puoi pensare da solo!*".

Questa è un'altra componente del *gaslighting* nota come "*doppio legame*", per cui il narcisista fa in modo di avere ragione indipendentemente da qualsiasi cosa tu dica o faccia. Il doppio legame si presenta anche quando il narcisista lancia due messaggi opposti (uno implicito e l'altro esplicito) e qualsiasi cosa tu dica o faccia risulta sbagliato. Un classico esempio si ha quando la madre narcisista invita il figlio ad abbracciarla ma poi si irrigidisce quando il figlio si avvicina a lei. A quel punto il figlio si ritrae, percependo il messaggio di rifiuto a livello non verbale, e la madre lo accusa di non essere affettuoso nei suoi confronti. I genitori *gaslighter* provocano intenzionalmente disagio emotivo nei propri figli, mettendoli in situazioni per cui qualsiasi cosa facciano sono destinati a subire conseguenze negative.

Proiezione

I narcisisti sono esperti nel proiettare tutti i loro difetti sulla vittima. Per esempio, se imbrogliano, accuseranno il loro partner di curiosare nei loro affari e di non fidarsi di loro. La proiezione è un meccanismo di difesa attraverso il quale il narcisista provoca vergogna e sensi di colpa negli altri per nascondere i propri difetti. In questo modo si assicurano di mantenere il controllo delle dinamiche della relazione e il loro dominio.

Spesso i genitori narcisisti proiettano sui loro figli i rifiuti emotivi che loro stessi hanno subito durante l'infanzia. Potrebbero dire frasi del tipo: "*Sei proprio come mio padre*". È importante sottolineare il fatto che avere un'infanzia difficile non è una ragione sufficiente per giustificare o scusare qualcuno quando commette abusi. Ci sono molte persone con un'infanzia orribile che scelgono di non comportarsi mai come facevano i loro genitori abusanti.

Poiché i narcisisti non riescono sostenere psicologicamente i propri difetti, li proiettano sugli altri. Attraverso questa identificazione proiettiva, i narcisisti possono controllare efficacemente le loro vittime. Per esempio, se ti viene costantemente detto che sei geloso, ansioso e hai problemi di rabbia profondamente radicati, dopo un po' potresti iniziare a mostrare realmente questi comportamenti. I narcisisti hanno difficoltà ad ammettere la proiezione, che è un meccanismo inconscio di difesa del loro fragile io. Chiunque affronti il narcisista quando è nel pieno di una fase proiettiva, a volte anche violenta, troverà impossibile condurlo alla ragione.

Confondere le conversazioni

Poiché i narcisisti sentono sempre il bisogno di dominare, più o meno apertamente, essi causeranno così tanta confusione nelle discussioni che alla fine della giornata l'unico punto di vista rimasto sarà il loro. Sono bravi ad introdurre qualcosa di non correlato nelle conversazioni, deviando dal tema centrale del dialogo, distogliendo l'attenzione dell'interlocutore e confondendolo.

Invalidazione

Una delle strategie chiave utilizzate dal narcisista è l'invalidazione. Quando riconosci il punto di vista di qualcuno, lo convalidi. Non devi per forza essere d'accordo, ma significa che accetti diversi punti di vista. I narcisisti non convalidano mai. Invece, scaricano sugli altri le loro colpe.

Problema – reazione – soluzione

I narcisisti sono anche abili in ciò che viene definita la strategia *"problema-reazione-soluzione"*. I narcisisti creano un problema alla loro vittima per poi offrirgli una soluzione. Tale soluzione andrà a tutto vantaggio del narcisista e spesso la vicenda si conclude con la vittima grata di essere stata *"salvata"* e ignara di tutto.

Per esempio, possono offrirti accompagnarti in terapia per l'ansia che loro stessi ti hanno causato. L'obiettivo è farti pensare che ci sia qualcosa di sbagliato in te. In effetti, raffredderanno deliberatamente la loro rabbia in conversazioni accese, al fine di far apparire la vittima come la persona aggressiva e squilibrata, in modo che alla fine della conversazione la vittima sia sopraffatta emotivamente mentre loro restano calmi.

Attraverso tutte le strategie di manipolazione descritte, i narcisisti usano lo stato emotivo della vittima come strumento di oppressione. Usano costantemente l'invalidazione, la proiezione e il *gaslighting* per provocare nella vittima uno stato di caos emotivo. Una volta che la vittima è completamente sopraffatta ed esasperata, il narcisista sferrerà l'attacco finale, sostenendo che le reazioni e lo stato emotivo della vittima sono la ragione di tutti i suoi problemi. A questo punto, la vittima inizia a credere di essere causa del problema, dal momento che il narcisista appare calmo ed equilibrato mentre loro sono agitati. L'atto finale è la colpevolizzazione della vittima, un colpo da maestro di manipolazione.

1.5 I narcisisti patologici come genitori

Quando i narcisisti patologici diventano genitori, implementano nella relazione con i loro figli tutti gli schemi comportamentali descritti nei paragrafi precedenti. Possiamo identificare due tipi principali di genitori narcisisti. Il primo è il tipo **invadente**. Questo genitore narcisista vede i figli come un'estensione di se stesso. Potresti aver sentito dire che qualcuno non ha ancora "*tagliato il cordone ombelicale*". Questo detto si adatta benissimo ai figli del genitore narcisista invadente. Questi genitori possono sembrare vicini al bambino, ma non lo sono emotivamente. Fisicamente non riescono a stare fuori dalla vita dei loro figli.

In superficie tutta questa attenzione può sembrare positiva ed eccezionale, ma il bambino finisce per non sentirsi un individuo e si percepisce come se fosse una parte del genitore. Non può esprimere i propri desideri o sentimenti perché il genitore impone la propria volontà continuamente. Mentre cresce, il bambino fatica a sviluppare l'indipendenza e l'individualità che dovrebbero essere parti naturali dello sviluppo.

Il secondo tipo di genitore narcisista è **trascurante**. A questi genitori non importa dei figli. Sono negligenti ed interessati solo ai vantaggi che i figli comportano (per esempio sussidi economici). Il bambino in questo caso si sente rifiutato, abbandonato e mostrerà segni di bassa autostima. Questi bambini sono spesso ansiosi perché non sanno da dove provenga il comfort, o se addirittura arriverà. Spesso subiscono abusi perché i genitori li affidano a persone che si sentono libere di fare tutto ciò che vogliono con i bambini, perché sanno che nessuno se ne preoccuperà.

Il bambino ottiene attenzione solo quando il narcisista è arrabbiato, così la rabbia diventa l'unica emozione sensata. Il bambino non comprende gli altri sentimenti degli adulti. Ciò comporterà molti problemi durante la crescita, quando il bambino dovrà interagire socialmente ma non saprà farlo in modo funzionale, poiché non gli è stato insegnato.

1.6 Segni dell'accudimento narcisistico

I narcisisti possono fare del male alle persone e dormire sogni tranquilli, perché non entrano in empatia con il dolore degli altri. Il motivo per cui fanno soffrire gli altri è qualcosa che chiameremo appagamento narcisistico: i narcisisti devono sempre alimentare il loro ego.

Il disturbo narcisistico di personalità trae origine dall'abuso infantile. Il narcisista è cresciuto senza sviluppare un'autentica personalità. Invece di un'autentica personalità, la sua interiorità è costituita da molteplici funzioni psichiche disarticolate, scisse, che riescono a simulare un funzionamento normale solo se la persona riceve energia emotiva dall'esterno. Questo è il motivo per cui i narcisisti considerano gli altri come un'estensione di se stessi. Senza il rapporto con la vittima e le sue reazioni emotive, la loro psiche si disintegra. Creano una rete di relazioni tormentate ed intrighi perché, per sopravvivere e non cadere letteralmente a pezzi psicologicamente, devono trarre energia dalle reazioni emotive nelle loro vittime.

L'appagamento narcisistico può essere positivo o negativo. Un esempio di appagamento narcisistico positivo è la ricerca di ammirazione. Quando invece un narcisista abusa di qualcuno provocandogli una forte reazione emotiva per sentirsi potente, si tratta di un appagamento negativo.

I genitori narcisisti mancano di empatia e per questo non ricambiano l'amore dei loro figli. Se sei cresciuto con un genitore narcisista, molto probabilmente sei affamato d'amore e sei stato abusato emotivamente. Non solo il genitore narcisista ti ha negato l'amore genitoriale, ma probabilmente ti ha manipolato e tormentato per ricavare appagamento narcisistico dalle tue reazioni emotive. Di solito i bambini non sono consapevoli degli abusi psicologici ed emotivi che stanno subendo e se ne rendono conto solo in età adulta. Molti figli adulti di genitori abusanti non hanno ancora capito che il loro genitore è un narcisista patologico.

Puoi riconoscere un genitore narcisista dai seguenti comportamenti:

1. Colpevolizzazione.

I genitori narcisisti si comportano come se ti stessero facendo un favore nutrendoti, vestendoti e dandoti una casa. Ogni volta che vogliono qualcosa da te e tu dici di no, affermando una tua esigenza, ti diranno di aver rinunciato a tutto per causa tua, sacrificando molto per te, dicendo ad esempio *"Se non fossi nato la mia vita sarebbe migliore"*. Questa è una forma di abuso emotivo molto grave e, se tua madre si comporta in questo modo, si tratta di un campanello d'allarme del disturbo narcisistico della personalità.

2. Amore condizionato

I genitori emotivamente sani amano i loro figli senza condizioni. Quando i loro figli fanno qualcosa di sbagliato li puniscono, ma non mettono in discussione il legame affettivo. I narcisisti invece non hanno la capacità di amare i loro figli e daranno solo amore condizionato. Per esempio, se i figli hanno successo in qualcosa ed i genitori possono vantarsi di questo con i loro amici, i narcisisti mostreranno amore e affetto, ma nel momento in cui i figli fanno qualcosa che li mette in imbarazzo o si ribellano, smetteranno di amarli. Li sottopongono al trattamento del silenzio e possono persino vendicarsi subdolamente.

Per questo motivo molti figli di genitori narcisisti, una volta adulti, sono ossessivamente impegnati nell'accontentare e compiacere gli altri ad ogni costo. Crescono pensando che l'amore sia sempre condizionato e sentono costantemente di dover dimostrare il loro valore per essere amati, perché è quello che i genitori hanno insegnato loro. Se hai avuto un genitore narcisista probabilmente ti senti costantemente come se dovessi rendere tutti felici per ricevere amore e attenzione. Considerato che è impossibile accontentare tutti, ne deriva un sentimento costante di vergogna e fallimento.

3. Invadenza

I narcisisti vedono i loro figli non come individui ma come estensioni di se stessi. Li considerano come oggetti di proprietà, non come esseri umani meritevoli di privacy e rispetto. Di conseguenza, un genitore narcisista non rispetterà gli spazi privati dei figli e, per esempio, irromperà nella loro stanza senza bussare oppure non rispetterà la loro privacy nel bagno e così via.

Una situazione inquietante che spesso coinvolge le ragazze cresciute da madri narcisiste è il controllo della verginità. Non è quantificabile il trauma subito da un'adolescente nel momento in cui sua madre la costringe a fare un test di verginità per dimostrare la sua inattività sessuale. È devastante, ma alle madri narcisiste non importa perché il loro unico pensiero è *"Tu sei mia, quello è il mio corpo, questa è la mia verginità; sei un'estensione di me, così ho diritto di fare quello che voglio"*.

4. Gelosia

Quando le madri guardano le loro figlie, vedono la giovinezza, vedono la bellezza ed una madre normale vorrebbe aiutare la figlia a prosperare e crescere. Ma una madre narcisista è gelosa e cercherà attivamente di distruggere l'autostima di sua figlia, entrando in competizione con lei.

Proverà risentimento anche nei confronti del neonato, se qualcuno presta attenzione al bambino piuttosto che a lei. Le madri narcisiste sono in competizione con i loro figli fin dalla loro nascita.

5. Prendersi il merito per i tuoi successi.

Di solito lo fanno in pubblico, ma non in privato.

6. Mancanza di empatia

I genitori narcisisti non hanno la capacità di sentire la sofferenza altrui e, ancor peggio, traggono soddisfazione dal dolore degli altri. Se ti sei trovato nella situazione in cui tua madre avrebbe dovuto entrare in empatia con te, rassicurarti o consolarti e non è stata in grado di farlo, potrebbe essere un segno di disturbo narcisistico della personalità. Ancora peggiore è la situazione in cui una madre si compiace della sofferenza dei figli. È innaturale che un genitore lo faccia ed è per questo che questo comportamento denota un disturbo della personalità.

7. Infantilizzazione

I genitori narcisisti faranno sempre del loro meglio per mantenere i loro figli in uno stato di dipendenza infantile. Non vogliono che i loro figli crescano e diventino indipendenti, perché ciò significherebbe perdere il controllo su di loro e soprattutto perdere la fonte del loro appagamento narcisistico. Il modo migliore per tenere con sé i figli il più a lungo possibile è renderli degli inetti. Per questo le madri narcisiste non insegneranno ai loro figli a svolgere le attività quotidiane (cucinare, fare la spesa o persino lavarsi) o altre competenze fondamentali che ogni genitore dovrebbe insegnare ai propri figli (per esempio, la gestione del denaro). Come risultato, il figlio si sentirà sempre dipendente dalla madre e penserà di non potercela fare senza di lei. Si tratta di un abuso psicologico, perché questi genitori svalutano continuamente i loro figli per convincerli di non saper badare a se stessi. In questo stato, non proverai nemmeno a chiedere aiuto; ti sentirai sempre come se dovessi tornare dai tuoi genitori perché la tua autostima è bassa e fragile. Ti senti come se il mondo intero fosse minaccioso mentre i genitori sono un porto sicuro. La verità invece è che ci sono molte persone al mondo che sarebbero felici di aiutarti e che ti amerebbero più di quanto i tuoi genitori siano in grado di fare.

8. Non ammettere gli errori.

Non aspettarti mai che un narcisista si scusi. I narcisisti non ammettono mai di essersi comportati male o di aver commesso un errore. Potrebbero fare parziali ammissioni in un primo momento, salvo poi negare l'evidenza. Quando un narcisista ammette di aver sbagliato, quasi sicuramente ha un secondo fine, che spesso è apparire vittima della situazione.

9. Proiezione

I genitori narcisisti attribuiscono ai loro figli (soprattutto a quelli che in famiglia hanno il ruolo di capro espiatorio) tutti i propri difetti e comportamenti negativi.

10. Minare l'autostima

Per esempio, un genitore narcisista può chiamare apertamente suo figlio *"grassone debosciato"*, oppure può agire più sottilmente, con insinuazioni del tipo *"Sei sicuro di voler uscire con quella maglietta? Ti va un po' stretta..."*. Questo accade non solo se il figlio è sovrappeso, ma anche se è in peso forma. Questo atteggiamento subdolo e passivo-aggressivo è abbastanza sottile da riuscire a piantare piccoli semi di insicurezza nella vittima, che germogliano ed uccidono l'autostima, mentre diventa dominante un senso di inadeguatezza ed inferiorità.

Un altro modo in cui un genitore narcisista può distruggere la tua autostima è confrontandoti con altre persone. Sembrerà che avendo avuto te come figlio non abbiano avuto fortuna. La tipica frase è "*Perché non ho anch'io un figlio che...*" (per esempio, che si comporta in un certo modo, oppure ha un certo risultato ecc.). Anche se hai fatto del tuo meglio, non è mai abbastanza e troverà sempre una persona con cui confrontarti per sminuirti. Deve solo farti stare male con te stesso perché, non dimenticare, ha una ferita dentro di sé. Si chiama ferita narcisistica e, semplificando, consiste in un insieme di sentimenti di inferiorità e vergogna. Per liberarsene, cerca di gettare vergogna su di te e di sminuirti.

11. Psicodrammi.

Ai genitori narcisisti piacciono i drammi e le scenate, perché si nutrono di risposte emotive. Per esempio, nove volte su dieci il genitore narcisista cercherà di mettere i propri figli uno contro l'altro, poiché i narcisisti prosperano in situazioni che possono dar luogo a reazioni emotive altamente esplosive. Spesso, ti farà sedere per parlare dei "tuoi problemi" fingendo di volerti aiutare, mentre sta solo cercando di ottenere una risposta emotiva da te e farti arrabbiare. Probabilmente lascerai in lacrime una conversazione che è iniziata con una domanda apparentemente innocente. Spesso ha bisogno di convocare riunioni di famiglia perché si stanno esaurendo i drammi e deve causarne di nuovi.

CAPITOLO 2
MADRI NARCISISTE

PROBABILMENTE una madre narcisista non verrà mai riconosciuta ufficialmente, ma alla fine sarà riconoscibile per la scia di distruzione che si lascia alle spalle, per i giochi mentali e la subdola manipolazione che causa conflitti in famiglia. Una madre narcisista è estremamente dannosa e provoca molto dolore ai propri figli.

Quando una madre narcisista ha dei figli, non li ha per lo stesso motivo di una madre sana. Quando una madre narcisista ha un figlio, lo ha voluto per far sì che quel bambino soddisfi i suoi bisogni insoddisfatti. Sfortunatamente, l'amore della madre narcisista è molto volatile e condizionato. Non è in grado di amare incondizionatamente i propri figli.

Ma prima di parlare nel dettaglio della madre narcisista, dobbiamo considerare il ruolo del padre, che è quasi sempre un soggetto abilitante (complice). L'analisi di questo ruolo ti aiuterà a comprendere appieno le dinamiche della famiglia tossica dominata da una madre narcisista.

2.1 Complici (enablers)

I *"complici"* (trad. enablers) sono le persone che supportano e difendono il narcisista. Queste persone vengono reclutate dai narcisisti per stare al loro fianco. Essi tollerano i comportamenti dei narcisisti, cercano di renderli accettabili e cercano di salvarli dai disastri che immancabilmente causano. Sono le persone che ti dicono "*È sempre tua madre, devi perdonarla!*". Di solito non sono in malafede e pensano di essere d'aiuto, ma non lo sono. Rafforzano il comportamento del narcisista e peggiorano il problema, perché rimuovono gli ostacoli che impedirebbero al narcisista di agire, fanno in modo che resti impunito e non debba subire le conseguenze delle proprie azioni.

Questo senso di impunità incoraggia il narcisista che oltrepassa ogni limite senza alcuna conseguenza, come se oltrepassasse una linea tracciata nella sabbia. Alla fine, questi limiti non significano nulla. L'unica ragione per cui questi soggetti *"abilitanti"* tollerano comportamenti abusivi è che sono stati condizionati a credere che questi comportamenti siano corretti, che sia loro dovere continuare la relazione con una persona tossica ed offensiva. Credono di dimostrare qualcosa di positivo al narcisista rimanendo nella relazione, ma tutto ciò che stanno dimostrando è che il narcisista può trattarli come vuole, perché il benessere del narcisista conta più del loro stesso bene.

I complici stanno dicendo ai narcisisti che non devono trattarli meglio, perché non credono di meritare un trattamento migliore. Tutto ciò è malsano e tossico ed è esattamente quello che vogliono i narcisisti. Essi vogliono che gli altri si diano fuoco per tenerli al caldo; niente sarà mai abbastanza. I narcisisti devono trarre energia dalle altre persone abusandole e i complici stanno insegnando al narcisista che questo comportamento va bene.

La relazione con un narcisista è come una relazione con un bambino: completamente e totalmente unilaterale. I bambini semplicemente non hanno bisogno di reciprocità ed i narcisisti rimangono per sempre in quello stato emotivo infantile, necessitando e prendendo dagli altri, visti come oggetti e non come persone.

A questo punto dovrebbero subentrare i limiti. I limiti sono le linee nella sabbia che tracciamo e diciamo *"Se oltrepassi questo limite, me ne andrò"*. I limiti funzionano con i narcisisti, perché conoscono la differenza tra giusto e sbagliato, sanno quali sono le conseguenze e potrebbero cambiare il loro comportamento se adeguatamente motivati. Le persone che abilitano i narcisisti generalmente non pongono limiti chiari e non diventano una minaccia quando il narcisista oltrepassa un confine. Questo insegna al narcisista che i limiti non significano nulla e di conseguenza non deve rispettarli.

Interrompere ogni contatto sarà la migliore soluzione per affrontare i narcisisti ed i loro complici. Un narcisista non può esistere da solo, ci sono sempre altre persone che lo sostengono. Quando questi ultimi vengono identificati, dovrebbero essere soggetti allo stesso trattamento del narcisista, perché anche loro ti stanno danneggiando. Nell'ambito della famiglia, il complice principale di un genitore narcisista è spesso il suo coniuge.

Il padre complice

I narcisisti possono essere molto intelligenti ed astuti quando scelgono un compagno. Cercano qualcuno più debole di loro, che rispetterà le loro regole. Cercano qualcuno manipolabile, controllabile, che ignori gli abusi. Il narcisista è in grado di influenzare il modo in cui gli altri pensano, e se gli altri non pensano con la propria testa diventano complici.

Il padre complice consente alla madre narcisista di compiere le azioni più turpi. Terrà la bocca chiusa anche quando sa perfettamente che lei sta facendo qualcosa di orribile e perfino violento. Il padre complice consentirà infatti l'abuso sui propri figli. La madre narcisista crea una triangolazione tra il marito *"abilitante"* e i propri figli. Triangolare significa fare da mediatore in una relazione, in modo che le parti non si possano relazionare direttamente. Questo di per sé non è negativo, ma se il mediatore è una persona tossica e manipolatrice farà in modo di creare conflitti e manipolare le relazioni a suo piacimento. Attraverso la triangolazione, la madre narcisista crea divisioni non solo fra tutti i fratelli ma anche tra i figli ed il loro padre.

Di solito, il padre complice ha paura di qualcosa: di perdere i soldi, di perdere lo status sociale, ha paura che la moglie non si prenda più cura di lui e soprattutto che lo prenda di mira, facendo di lui una vittima. Per queste ragioni il padre complice non muoverà un dito e consentirà che i suoi figli vengano maltrattati; è semplicemente troppo spaventato e farà tutto ciò che la moglie narcisista pretende da lui. Volterà le spalle ai propri figli, anche se vengono maltrattati fisicamente, psicologicamente, emotivamente o sessualmente. Li abbandonerà completamente, anche se stanno soffrendo.

Il padre complice non ha scuse per il suo comportamento: osserva i suoi figli venire abusati in così tanti modi orribili e potrebbe fare qualcosa al riguardo, ma si rifiuta di farlo. Dopo aver subìto il lavaggio del cervello, il padre complice concorderà con le bugie della madre narcisista, farà di tutto per soddisfarla ed incoraggerà la mancanza di comunicazione con i propri figli.

2.2 I diversi ruoli che la madre narcisista assegna ai propri figli.

Una madre narcisista assegna un ruolo ai propri figli e questo ha terribili effetti su di loro. In genere ci sono tre ruoli principali: il *"bambino d'oro"* (golden child), il capro espiatorio e il bambino invisibile.

Il capro espiatorio è il bambino che "*non è mai abbastanza bravo*". Indipendentemente da ciò che fanno questi bambini, non soddisferanno mai i bisogni della madre narcisista e lei troverà sempre il modo di sminuirli ed impedire loro di sentire di aver ottenuto qualcosa. Se il bambino esprime rabbia o risentimento nei confronti della madre, lei lo punirà severamente.

Il bambino d'oro (*golden child*) è una rappresentazione del sé idealizzato della madre. In questo caso la madre pone tutta la sua attenzione sul bambino, in modo ancora più disfunzionale e più profondo della relazione che ha con suo marito. Il bambino d'oro è l'opposto del capro espiatorio: egli non può mai sbagliare. La madre narcisista lo idolatra e presta sempre molta attenzione a qualsiasi piccolo risultato raggiunto da questo bambino.

Il bambino invisibile è molto trascurato. La madre narcisista non è affatto interessata a questo bambino, semplicemente non pensa alle sue esigenze. Potrebbe dimenticare che questo bambino ha gli stessi bisogni degli altri.

Analizziamo ora queste situazioni una per una. L'analisi dei ruoli familiari aiuta a dare un senso ai comportamenti apparentemente contraddittori e caotici del genitore narcisista nei confronti dei propri figli. Nella realtà questi ruoli possono avere contorni sfumati e quanto verrà descritto può ammettere eccezioni ed innumerevoli varianti. Ciò nonostante, le descrizioni che seguono aiuteranno la vittima a dare un senso al proprio vissuto e liberarsi dai sensi di colpa.

Il bambino d'oro (*Golden child*)

Il bambino d'oro di una madre narcisista spesso è maschio ed è l'ultimo nato, ma non sempre. Se invece è femmina, prevale la componente identificativa/proiettiva rispetto a quella relazionale/incestuosa, come si vedrà nel paragrafo 2.5.

La madre narcisista adora il bambino d'oro perché è il riflesso di tutto ciò che lei desidera per se stessa, in particolare per quanto riguarda la relazione emotiva. Si tratta però di una relazione malsana, perché la madre ha un vuoto tremendo nella sua vita. Pertanto, quando guarda a questo figlio prediletto il suo sguardo è patologico, lo vede attraverso una lente perversa. Lo vede come un oggetto atto a soddisfare il suo vuoto emotivo ed ottenere l'attenzione che brama.

La madre narcisista desidera un marito ideale, che soddisfi i suoi sogni ed aspettative. Tali aspettative sono così elevate che nessun uomo è in grado di soddisfarle. Proprio per questa ragione la madre narcisista ripiega sul figlio maschio prediletto, creando un intreccio emotivo incestuoso. Guarderà a questo figlio come ad un trofeo, rimarcando costantemente quanto egli sia perfetto, superiore, affascinante e bello.

Tutto ciò viene instillato emotivamente ed intellettualmente nel bambino fin dalla più tenera età, mentre gli mancano tutte le cose fondamentali: amore, convalida, attenzione, protezione, supporto, affermazione e correzione dove necessario. Quello che sta provando è un insieme di emozioni tossiche che provengono da sua madre, la quale sta semplicemente cercando di soddisfare un suo bisogno.

È importante sapere che tutto ciò riguarda lei, non riguarda suo figlio. Il figlio viene utilizzato come strumento e tutto questo ha un prezzo. La più grande paura della madre narcisista è che il suo approvvigionamento emotivo venga meno e, per scongiurare questa eventualità, metterà in atto strategie di guerra psicologica che userà contro il figlio fin dalla sua più tenera età.

La strategia principale si chiama incesto emotivo. La madre seduce il bambino d'oro, il quale diventa un surrogato delle figure maschili nella sua vita: il sostituto di un padre che non le ha dato le cure di cui aveva bisogno o del marito altrettanto incapace di soddisfarla. La madre sposa emotivamente il figlio e, naturalmente, egli dovrebbe soddisfare i suoi bisogni emotivi. Se è sposata, destituisce il marito dal suo ruolo e sceglie emotivamente il figlio come sostituto. Nella maggior parte dei casi la relazione con il figlio non è sessuale, ma è comunque perversa e non è certo il modo in cui una madre dovrebbe relazionarsi con un figlio. A volte vedrai una madre flirtare e toccare in modo inappropriato il proprio giovanissimo figlio prediletto (bambino o adolescente).

Anche se non strettamente sessuale, è un comportamento molto inappropriato, soprattutto se quel figlio si trova in età puberale o adolescenziale. Crescendo intellettualmente e fisicamente, le sue emozioni vengono sostanzialmente bloccate ed egli ha sempre la sensazione di dover soddisfare i desideri e le richieste della madre. Questo non gli consente di crescere emotivamente al di fuori del controllo di sua madre. La sua fiducia, il rispetto di sé e la sua identità sono tutti legati all'approvazione di sua madre.

Tutto ciò che fa, anche il suo rapporto con la moglie quando sarà sposato, è tutto condizionato dai bisogni di sua madre. Inevitabilmente, questi figli avranno difficoltà a connettersi emotivamente con le persone in modo sano e, se non si distaccano dalla madre per sviluppare una propria identità, possono sviluppare a loro volta un disturbo narcisistico.

Se il figlio prediletto cerca di sottrarsi al controllo ed essere indipendente, la madre diventerà vendicativa. Userà molte tattiche diverse, fra cui il ricatto emotivo, la manipolazione e le bugie. La madre renderà la sua vita un inferno, perché lui sta cercando di emanciparsi e per lei è un grosso problema. Per questo arriverà compiere veri e propri atti di sabotaggio della vita del figlio.

Il capro espiatorio (la pecora nera)

Il capro espiatorio viene incolpato dei problemi di tutta la famiglia. Gli oneri e le responsabilità della famiglia sono di solito a carico di questo figlio. Se hai avuto questo ruolo in famiglia, avrai avuto il coraggio di parlare ma hai subito bullismo, minacce e prevaricazioni. Ci sono molte regole non dette nelle famiglie dominate da un narcisista e una di queste è che la negatività deve essere nascosta e l'abuso negato a dispetto di ogni evidenza. C'è anche un'atmosfera sottesa di concorrenza e rivalità tra fratelli e sembra che tutti debbano costantemente lottare per l'amore e l'attenzione del genitore narcisista.

I genitori narcisisti si sentono molto minacciati dalla *"pecora nera"*, perché è l'unico componente della famiglia che li vede per quello che sono. Il capro espiatorio è molto sensibile e consapevole della verità nascosta dietro l'immagine di famiglia perfetta che il genitore narcisista cerca di sostenere. Se hai questo ruolo, tua madre può sembrare felice di te un giorno e dichiararsi amaramente delusa il giorno dopo. Se hai mai provato a parlare di come ti senti, per esempio lamentando un trattamento ingiusto, tua madre era pronta a sottometterti e ricondurti al ruolo stabilito per te.

Poiché la madre narcisista evita di assumersi la responsabilità per il trattamento ingiusto inferto ai propri figli, gli sbalzi d'umore imprevedibili e le tattiche di bullismo sono gli atteggiamenti utilizzati per tenere a bada il capro espiatorio. La madre narcisista si prende il merito per tutto ciò che va bene, ma è colpa del capro espiatorio tutto ciò che mette in cattiva luce la famiglia. Questo stile genitoriale disfunzionale crea una separazione tra i membri della famiglia, soprattutto tra i fratelli, nel momento in cui la madre indica uno dei figli come esempio negativo. Una madre narcisista non muoverà un dito quando gli altri membri della famiglia deridono e bullizzano il capro espiatorio, perché lei ha impostato questa dinamica e tutto si svolge esattamente come si aspetta.

Il capro espiatorio è un ruolo che la madre narcisista assegna tipicamente al bambino che è più esplicito, estremamente intuitivo ed il primo a notare un problema. Spesso viene accusato di essere bugiardo, esagerato o persino malato di mente. Naturalmente, gli estranei che non sono a conoscenza delle tattiche dei genitori narcisisti lo crederanno. Pertanto, il capro espiatorio si sente spesso respinto, isolato e solo, come se non appartenesse a nessun luogo. Vive l'infanzia sentendosi estremamente oppresso da tutti i difetti, le colpe e l'incuria del genitore narcisista.

Se sei il capro espiatorio, non importa se a scuola prendi il massimo dei voti, se vinci un trofeo sportivo o sei stimato nell'ambiente di lavoro per i tuoi eccellenti risultati; sarai sminuito o completamente ignorato dalla madre narcisista. È impossibile soddisfare le sue aspettative ed ovviamente non potrai mai eguagliare il suo figlio prediletto, il bambino d'oro.

L'impossibilità per il capro espiatorio di ottenere l'approvazione e l'attenzione dei genitori provoca forti sensi di colpa, vergogna e scarsa autostima dall'infanzia fino all'età adulta. Se sei ancora in contatto con tua madre narcisista, lei continuerà ad insinuare che sei responsabile di tutto ciò che è sbagliato in famiglia e di tutto ciò che è andato storto nella sua vita. Potrebbe anche dire di vergognarsi di te ed essere delusa.

La madre narcisista manipola gli altri membri della famiglia mettendoli contro di te e distogliendo l'attenzione dalle sue azioni e responsabilità. Se sei stato etichettato come la pecora nera, questo consente a tutti gli altri membri della famiglia di sentirsi meglio con se stessi. Cominciano a credere di essere migliori di te, più obbedienti ecc. ed ancora una volta questo crea una divisione all'interno della famiglia.

Se un bambino è il capro espiatorio fin da piccolo, può interiorizzare completamente tutte le critiche subìte e la vergogna instillata dalla madre narcisista. Spesso i capri espiatori sviluppano una voce interiore che ricorda loro costantemente quanto siano cattivi e imperfetti e questo è estremamente dannoso per un giovane bambino impressionabile, la cui identità si sta ancora formando.

I capri espiatori per gran parte della loro vita soffriranno di scarsa autostima e si sentiranno sempre profondamente inadeguati e non amabili. Anche da adulti tendono a reprimere un'enorme quantità di ansia da abbandono, perché sono stati ripetutamente abbandonati emotivamente, o persino materialmente, dalla madre narcisista.

Una volta adulti, i capri espiatori diventano estremamente sensibili ad eventuali segni di approvazione o disapprovazione da parte degli altri. Questo dà la misura del profondo impatto che una dinamica familiare tossica può continuare ad avere sulle relazioni degli adulti. Se sei stato *"la pecora nera"* della famiglia narcisista, potresti avere ancora problemi con l'autorità, potresti essere abituato a giustificarti o a dimostrare in qualche modo il tuo valore. Questo è un modello inconscio di cui potresti ancora non essere consapevole e che stai perpetuando perché non ti rendi conto di quanto siano ancora potenti le dinamiche familiari disfunzionali, una volta interiorizzate.

Una volta compreso che puoi spezzare quel modello, scegliendo di pensare e comportarti in modo completamente diverso, smetterai di esserne vittima. Devi diventare più consapevole di te stesso e valutare se stai ancora cercando inconsapevolmente di ottenere l'approvazione o la convalida dei tuoi genitori. Maturare nell'età adulta significa capire che non è possibile soddisfare una persona malata ed abusante. In questo modo potrai elaborare i tuoi sentimenti di frustrazione, solitudine, rabbia e dolore.

Volendo trovare un aspetto positivo derivante dal doloroso vissuto del capro espiatorio, possiamo dire che svilupperà un grande amore per la verità e combatterà contro bugie ed ingiustizie. Il capro espiatorio si rifiuta di tacere e spesso avvia il cambiamento. I capri espiatori spesso mostrano un'enorme forza perché sono sopravvissuti a molte critiche, sono abituati ad essere minacciati dal narcisista ed emarginati dal resto della famiglia. Hanno maggiori probabilità di fuggire, guarire e porre fine alla trasmissione transgenerazionale del trauma.

Se questo è stato il tuo ruolo, hai molti punti di forza a cui puoi attingere e credo tu capisca meglio di tutti perché ho scritto questo libro e quanto sia urgente per i figli spezzare gli schemi patologici di pensiero e comportamento trasmessi dai genitori narcisisti.

Il bambino invisibile (o perduto)

Il figlio invisibile durante l'infanzia è molto tranquillo. Resta in disparte, va abbastanza bene a scuola e spesso è un tipo creativo. È così silenzioso che i genitori spesso dicono: *"Oh, quel bambino è una tale benedizione, non causa mai problemi!"*. Il bambino perduto è il bambino i cui bisogni non vengono soddisfatti a nessun livello. È come se fosse invisibile e non riceve né rimproveri né gli elogi dalla madre narcisista.

Questo bambino apparentemente non esiste in famiglia ed i suoi bisogni fondamentali sono ignorati su tutta la linea. In sostanza, è solo e trova davvero difficile far entrare qualcuno nel suo mondo privato. Non ci sono legami spontanei tra questi bambini e le altre persone, perché sono cresciuti da soli e isolati. Si deprimono, ma sono anche molto indipendenti. Dal momento che non si sono mai sentiti preziosi da bambini, non si sentono preziosi nemmeno da adulti. Quando diventano adolescenti, si sentono immeritevoli di amore e fiducia. Non pensano nemmeno che valga la pena esprimere i loro pensieri.

Se durante l'infanzia non causano problemi, da adulti si potrebbero mettere in guai molto grossi. Sfortunatamente, questi figli possono cadere in abuso di sostanze, droghe, alcol, dipendenza sessuale, disturbi alimentari, gioco d'azzardo ed altri tipi di comportamenti che creano dipendenza. Dal momento che i figli invisibili non sono abituati a ricevere alcun tipo di attenzione, non se l'aspettano e non la cercano nemmeno in età adulta. Difficilmente diventeranno narcisisti, ma a volte sviluppano idee distorte perché hanno vissuto in una famiglia disfunzionale.

Quando escono di casa, molte volte la famiglia ignora persino che se ne sono andati. A scuola, potrebbero essere gli studenti seduti in ultima fila a cui nessuno presta attenzione. Oppure sono gli studenti che sono fuori a fumare. Non si uniscono a club o gruppi, a meno che non si tratti di altri soggetti emarginati. Questo è pericoloso ed è il motivo per cui da adulti possono avere problemi con la legge.

Dal lato opposto ci sono i figli invisibili che scelgono di buttarsi nello studio, ottenere buoni voti, fare tutte le cose giuste senza farsi mai notare. Sono spinti dalla ricerca dell'approvazione che non hanno mai ottenuto e che non otterranno mai dai loro genitori.

Se incontri un *"figlio invisibile"*, probabilmente apparirà timido e introverso, ma non si tratta solo di questo. In realtà i *"figli invisibili"* sono disconnessi dalle altre persone e mostrano questo isolamento per tutta la vita, anche in età adulta. Molto probabilmente preferiranno leggere un libro, guardare la TV, giocare ai videogiochi o fare qualsiasi altra cosa piuttosto che avere relazioni. Non vogliono interagire con gli altri, poiché non amano i conflitti. Spesso hanno un talento artistico, potrebbero avere un vero talento, ma poiché non vogliono essere feriti cercano sempre di evitare di avvicinarsi troppo a qualcuno. Se si fidano di qualcuno abbastanza da intraprendere una relazione, saranno dipendenti e bisognosi.

A meno che non elaborino tutta la trascuratezza subìta nell'infanzia, se non passano attraverso il processo di guarigione di cui hanno bisogno corrono il rischio di diventare tossicodipendenti o sviluppare un altro tipo di dipendenza. Ma la parte più triste di tutta questa storia è che possono trasmettere il loro trauma alla generazione successiva, diventando genitori assenti o scollegati emotivamente dai propri figli, il che è terribile.

L'obesità può essere un problema per il bambino perduto, così come l'anoressia, la dipendenza da internet o dai videogiochi. Potrebbero diventare maniaci del lavoro, ma a qualsiasi cosa si dedichino, dobbiamo solo sperare che si tratti di qualcosa di sano. Il lato positivo è che stanno bene da soli, sono autosufficienti, molto spesso abbastanza intelligenti. Se dai loro una possibilità e si avvicinano abbastanza a te, possono diventare grandi ascoltatori.

Come può un bambino invisibile guarire dal proprio trauma evolutivo? La priorità è la psicoterapia, per entrare in contatto con la rabbia che devono aver accumulato in tutti questi anni. C'è anche una notevole quantità di paura nei figli invisibili, perché abbastanza spesso hanno domande e preoccupazioni. Hanno cose di cui vogliono parlare e non c'è nessuno che li ascolti. Devono riconoscere il dolore del passato, devono riconoscere la loro ferita più profonda e portarla a guarigione. Se tu stesso sei stato un bambino invisibile, devi realizzare il vuoto emotivo che hai portato con te per tutta la vita e riconoscere che sei davvero perso, per poi ritrovarti.

Dopo aver riconosciuto il dolore e la situazione per quello che era, allora puoi superare il tuo passato. Puoi iniziare a formare relazioni più profonde nella tua vita, con gli altri e con te stesso. Se ti sei accorto che la tua identità è fondata sul tuo essere vittima, è tempo di lasciar andare quella sensazione. Impara a prendere decisioni e fissare obiettivi personali a lungo termine.

Nel tuo percorso di guarigione scoprirai che non c'è niente di sbagliato in te. La colpa era solo della tua famiglia e del ruolo stabilito per te dalla madre narcisista. Puoi iniziare il tuo percorso di guarigione cambiando la percezione di te e del mondo che ti circonda. Se in precedenza pensavi *"Se non mi coinvolgo emotivamente, non mi farò del male"* o *"Non posso fare la differenza comunque"* o *"È meglio non attirare l'attenzione su di me"*, ora inizierai a pensare, *"Merito attenzione"*, *"Faccio la differenza"* e *"Se non mi coinvolgo emotivamente non avrò mai relazioni significative"*.

Non puoi permettere che il tuo posto nel mondo sia definito da un narcisista, perché nulla di ciò che il narcisista ti ha detto sul mondo era vero, ed è necessario riscoprire il mondo per quello che è realmente e riscoprire te stesso.

2.3 Tipi di madre narcisista

Se hai avuto una madre narcisista, le possibilità sono due: eri molto controllato o completamente ignorato. Oppure una combinazione di entrambi, ma in ogni caso sei stato derubato di un'infanzia normale e la vita adulta è molto più problematica.

Esistono diversi tipi di madri narcisiste, con caratteristiche che spaziano dal negligente al tirannico. Il primo passo per superare l'abuso è saperle identificare e prendere coscienza di quello che hai subìto.

La madre gravemente narcisista *overt*

Questo tipo di madre ti farà sentire non amato perché è completamente egocentrica e cerca sempre attenzione. La vita per lei è un palcoscenico in cui deve sempre essere la protagonista. Queste madri possono allevare i loro figli per mostrarli ai loro amici e dire loro: *"Vedi che capolavoro ho fatto? i miei figli sono il mio orgoglio e la mia gioia"*. Questo può essere molto dannoso per i ragazzi, perché imparano che per soddisfare le aspettative della madre non devono essere se stessi e non ci sono alternative.

Quando sua figlia diventa una giovane donna, la madre narcisista inizia a competere con lei e può diventare ostile molto rapidamente. Questo tipo di madre ti rinfaccerà di essere un peso per lei: ti dirà quanti soldi ha dovuto spendere per te e quanto la stai prosciugando perché non ha mai tempo per se stessa. Un giorno ti caccerà dal nido, ti vorrà fuori il prima possibile. Vorrà che tu cresca repentinamente senza averti però dato gli strumenti per affrontare il mondo ed avere successo.

Altre madri narcisiste *overt* sono l'opposto: vogliono tenerti sempre con loro e ti proibiscono di lasciarle perché si sentiranno abbandonate. Questo tipo di madre ti imprigionerà nella co-dipendenza. In altri casi la madre vuole sentirsi necessaria, ma ti allontana quando le tue esigenze diventano eccessive per lei. Non vuole che tu sia troppo autosufficiente o indipendente, perché teme che non soddisfi i suoi bisogni.

La madre narcisista *overt* non riconoscerà le tue emozioni: non hai spazio per esprimerti pienamente, perché nel momento in cui occupi troppo spazio lei si sente minacciata. Cercherà sempre di abbatterti, ma non riconoscerà quando ti farà del male. Dirà cose che una madre non dovrebbe mai dire ad un figlio e non ti chiederà mai perdono.

Quando diventi adolescente ed inizi a diventare più indipendente, avendo una tua vita privata, continuerà a demolirti in modo da poter continuare a costruirsi. Questa donna deve essere sempre al top. Cercherà di uscire con i tuoi amici e proverà persino a prendere il controllo del tuo gruppo di pari. È il tipo di donna che vuole essere sempre giovane.

Farà anche triangolazioni tra fratelli. La triangolazione è incredibilmente tossica, soprattutto in una famiglia. Le madri narcisiste insinuano una cosa ad un figlio, un'altra cosa all'altro figlio, mettendoli uno contro l'altro e creando conflitti per poi godersi il dramma che hanno appena creato. Ma ovviamente, se chiamate in causa, negheranno tutto. Se più tardi nella vita andrai a scavare per cercare la verità e capire cos'è realmente accaduto, confrontando la tua versione con quella dei tuoi fratelli, sorelle o cugini, scoprirai che tua madre ha dato versioni diverse ad ognuno. Naturalmente, se le altre persone sono diventate complici, avendo fatto propria la realtà distorta della madre narcisista, in questo caso il conflitto aumenta.

Sfortunatamente, nella famiglia media di oggi c'è più disfunzione e meno sanità mentale e probabilmente essere una persona schietta ti costerà moltissimo. Potrebbe costarti l'esilio, che è codificato nei nostri geni come la peggiore forma di punizione. Quando in natura un soggetto è escluso dal branco, quando viene allontanato dalla tribù, rimane esposto ad ogni sorta di predatori. Ecco perché anche per noi uomini civilizzati la solitudine può sembrare così devastante: gli inconsci retaggi dell'evoluzione ci fanno sentire minacciati ed esposti. Non ti sentirai mai considerato e compreso e rimarrai intrappolato tra la vergogna e i sensi di colpa. Se non fai abbastanza, ti vergognerai, se fai troppo ti sentirai in colpa. In ogni caso, ti farà sentire male.

Succede spesso che giovani figlie abbiano molto successo, salvo poi scoprire che il loro successo minaccia il rapporto con la madre narcisista. Succede che la madre soffra per il successo di sua figlia, come se la figlia avesse fatto una scelta tra il successo e sua madre. Se i figli riconoscessero di avere una madre narcisista, sarebbe molto più facile decidere di non rinunciare a tutto per compiacerla. Ma l'idea che le madri debbano essere onorate e rispettate crea un conflitto nei figli, tanto più che la madre narcisista *overt* lancia messaggi contrastanti, mostrandosi orgogliosa da una parte e sottilmente svalutandoti dall'altra.

La madre narcisista gravemente sadica

Queste madri rinchiudono i loro bambini nelle loro stanze. Sono spesso alcoliste o tossicodipendenti e completamente negligenti. Lasciano i loro figli crescere in strada e non si preoccupano di ciò che accade loro. C'è un livello tremendamente profondo di abbandono. Spesso si avvicendano diversi uomini e questi patrigni a volte abusano sessualmente dei bambini, creando un ambiente malsano per la loro crescita. Molte famiglie non meritano di crescere bambini, perché non sono in grado di fornire nemmeno le basilari cure e sicurezza. Sfortunatamente, il risultato è un numero molto elevato di persone cresciute in questo modo, letteralmente sopravvissute imparando a badare a se stesse. Si tratta di persone interiormente frammentate, perché non hanno ricevuto il sostentamento, l'amore, la compassione e la protezione di cui avevano bisogno da bambini, fin dalla nascita.

I bambini adulti di questo tipo di madre svilupperanno probabilmente un disturbo da stress post traumatico complesso (C-PTSD) oppure un disturbo Borderline di personalità.

La madre invischiata

È la madre narcisista meno evidente. Invece di insegnarti a costruire una vita tutta tua, scatta le manette emotive e non ti lascia mai andare. Le madri invischiate possono sembrare semplicemente perfette, prendendosi sempre cura dei loro figli, ma in realtà li stanno trasformando in eterni neonati.

La madre invischiata non ti permetterà mai di crescere. Se sei un figlio maschio, rimarrai sempre metà uomo e metà bambino. I figli in questa situazione sono storditi emotivamente ed interiorizzano il messaggio per cui il mondo non è sicuro ed è sempre meglio stare a casa con mamma. Si tratta di una forma di condizionamento, di co-dipendenza che non consente ai figli di uscire, imparare a sopravvivere ed affermarsi nella società. La loro indipendenza non viene incoraggiata ed anzi vengono puniti se cercano di essere autosufficienti. Questo può essere estremamente dannoso soprattutto per i figli maschi, perché in loro è molto forte la paura dell'abbandono.

La madre narcisista invischiata riversa tutto il suo "*amore*", tutta la sua attenzione sui bambini, li pone centro del suo mondo e spesso questo si accompagna ad una cattiva relazione con il padre dei suoi figli. Se il padre non se ne è andato, il più delle volte trascura la famiglia e lei lo dipingerà come un mostro agli occhi dei figli. In particolare, il figlio maschio tenderà a sostituire il padre che non è presente. Di conseguenza il figlio dovrà crescere molto rapidamente e sarà ricompensato per le attenzioni rivolte alla madre. Diventerà essenzialmente un marito surrogato.

Queste dinamiche possono fare di questi figli maschi degli adulti sensibili, aperti e generosi, ma nelle loro relazioni non ci sarà equilibrio fra dare ed avere. In età adulta finiranno per attrarre donne narcisiste, sociopatiche, psicopatiche, borderline e andranno in rovina per cercare di soddisfarle, perché è quello che hanno fatto per la loro madre.

I figli maschi adulti di madri narcisiste invischiate si sentiranno feriti nel profondo perché penseranno "*Sto facendo tutto il possibile, sono la versione migliore di me stesso, mia madre mi ha cresciuto con i giusti valori e tuttavia tutte mi trattano come uno zerbino. Perché?*". Ora lo abbiamo capito. La madre invischiata può pensare nella sua mente che sta facendo la cosa giusta, ma non è così: sta soffocando i suoi figli. Una relazione sana tra genitori e figli, in particolare tra una madre e un figlio maschio, deve essere fondata sul rispetto, la libertà e l'autonomia. I bambini hanno bisogno di sviluppare una propria personalità e realizzare se stessi nella società. Le madri sane sostengono tale indipendenza, accettando di separarsi dai figli quando i tempi sono maturi.

2.4 Le madri narcisiste e i figli maschi

Una madre narcisista non è in grado di sintonizzarsi emotivamente con i suoi figli, di considerarli degli individui con i loro sentimenti. Essi sono come oggetti di sua proprietà.

La relazione delle madri narcisiste con i figli maschi ha delle peculiarità rispetto alla relazione con le figlie femmine.

Una prima specificità è il comportamento della madre con tutte le persone che hanno una relazione con il figlio. La madre narcisista overt è aggressiva, rude e intollerante. Per lei tutti gli altri sono infami, sono stupidi, specialmente le altre donne. In questi casi sarà facile accorgersi che questa madre è narcisista, ma vi sono madri narcisiste non così facili da individuare. La madre narcisista *covert* può sembrare davvero preoccupata per suo figlio e si potrebbe non capire che esiste una dipendenza che viene continuamente alimentata.

In entrambe le situazioni - palese e nascosta - le madri narcisiste usano i loro figli come fonte di approvvigionamento emotivo. C'è un desiderio inconscio di consumare il figlio e creare una dipendenza che fornisca sempre una fonte di appagamento narcisistico. Il figlio non ha mai la possibilità di diventare un individuo separato da sua madre. L'obiettivo di una madre narcisista è assicurarsi di essere sempre al primo posto, assicurarsi che il figlio non esca mai di casa e la lasci. Per questo motivo le altre donne sono considerate una minaccia; considererà anche gli amici una minaccia e troverà qualcosa di sbagliato in ogni persona che suo figlio porta a casa. Potrebbe avere rapporti conflittuali perfino con gli insegnanti.

Un altro grosso problema è il rapporto con suo marito, il padre di suo figlio. Spesso una mamma narcisista ha sposato un uomo molto dipendente. Lo mette in ridicolo di fronte ai bambini e sminuisce il suo ruolo di maschio adulto della famiglia. Molti figli ormai adulti ricordano come le loro madri narcisiste abbiano picchiato i loro padri di fronte a loro (forse non davanti ai vicini e agli altri membri della famiglia, ma a porte chiuse sicuramente!).

Questo è il caos che si verifica quando si ha una madre narcisista e un padre che è co-dipendente e viene costantemente sminuito e umiliato. Se sei il figlio di questa coppia, probabilmente non hai idea di come affrontare la situazione. Sei stato abbandonato emotivamente da quest'uomo, che va al lavoro e torna a casa solo per essere criticato e relegato a dormire sul divano. Quest'uomo, che dovrebbe insegnarti come difenderti e non essere maltrattato, ti ha abbandonato. Questo è tuo padre, che tua madre sta umiliando e, senza che tu te ne renda conto, quello che sta facendo a lui ti sta condizionando ad avere paura, ad essere sottomesso come lui.

Sta cercando di assicurarsi che tu ti senta dipendente da lei, che ti senta obbligato nei suoi confronti. Sta cercando di assicurarsi che tu non le faccia ciò che tuo padre le ha fatto, cioè trascurarla, perché lei la vede così. La madre narcisista ha bisogno di credere che suo figlio l'abbia messa al centro della sua vita. Pertanto, il figlio di una madre narcisista è terrorizzato e vive ai limiti della sopravvivenza psicologica. Vi è una perdita di identità e questo è un problema in termini di sviluppo emotivo. Al ragazzo non è permesso sentirsi libero di esplorare il proprio ambiente senza timori, di conseguenza sarà molto insicuro anche quando avrà le prime relazioni sentimentali.

La madre saboterà tutte le sue relazioni, creando molti problemi. Il figlio riceverà il messaggio che la mamma non è felice che lui abbia portato la sua ragazza a casa. Affermazioni tipiche saranno "*Quella ragazza ti vuole solo per i tuoi soldi*", "*Quella ragazza vuole incastrarti rimanendo incinta di te*", "Dovrai sostenere lei e un bambino per il resto della tua vita". La madre narcisista parlerà male delle donne al figlio maschio fin da quando è un bambino, per condizionarlo.

Altra situazione tipica avviene quando il figlio intraprende un'attività sportiva, di studio o di lavoro che potrebbe allontanarlo da casa. In questi casi la madre narcisista "*si ammala*" ed il figlio deve abbandonare tutto e dimostrare di metterla al primo posto nella sua vita. Questo copione si ripete immancabilmente in ogni occasione. Nel figlio c'è molta paura di deludere la mamma, si sente obbligato a mettere al primo posto le sue esigenze e mettere da parte se stesso, pertanto rinuncerà a moltissime occasioni. Un figlio cresciuto in questo modo avrà scarsa autostima e non sarà in grado di affermarsi. Se hai vissuto tutto questo, confrontandoti con le altre persone ti sentirai insicuro ed ansioso, ma non è assolutamente colpa tua.

Se riesci a sposarti ed avere figli, tua madre sarà un problema perché vorrà assicurarsi di essere al primo posto e vorrà che tua moglie e persino i tuoi figli sappiano che lei viene prima di tutto. Una madre narcisista vedrà le donne della tua vita come concorrenti. Tua moglie si sentirà sicuramente come se ci fosse un'amante fra voi e, anche se non stai dormendo con tua madre, questa energia farà parte della tua vita.

Se non sei consapevole del fatto che tua madre è narcisista e sta cercando di controllarti per restare al centro della scena, indifferente al caos che sta creando nella tua vita, il tuo matrimonio è destinato a fallire. Se non ne sei consapevole, potresti essere confuso e potresti respingere tua moglie perché sei stato programmato da quando sei un ragazzino a "*preoccuparti*" per la mamma. Quando ciò accade, lei ha acquisito il controllo di una paura molto primitiva, che è la paura di essere abbandonato dalla persona che ti ha messo al mondo. Essere abbandonati dalla madre significa la morte, per un neonato (ma non per un adulto...).

Potresti non capire che tua madre è invadente, che parla male di tua moglie, che non ha compassione o empatia per te, né per tua moglie. Potresti non renderti conto che la mamma parla male di tutti, che ha difficoltà a mantenere amicizie. Potresti non notare che deve dimostrarsi superiore a tutti oppure ha un problema di dipendenza (alcol, shopping, gioco d'azzardo o altro di cui non sei a conoscenza). E poiché ti ha insegnato a non porre un limite al suo comportamento, potresti avere problemi coniugali o problemi di relazione con le donne che subiscono la sua invadenza.

In questa situazione, nella mente dei figli di madri narcisiste si crea un enorme conflitto: da un lato amano le loro madri che li hanno condizionati a temere di staccarsi da loro, dall'altro soffrono questo rapporto di dipendenza ed hanno pochissima autostima. Se sei un figlio di una madre narcisista, potresti avere un'enorme dissonanza cognitiva. Potresti amarla e odiarla allo stesso tempo.

Potresti avere un'enorme rabbia nei confronti delle donne, perché sei inconsciamente arrabbiato con tua madre, ma potresti non esserne consapevole e non capire da dove proviene tutta questa rabbia. Questo non significa che necessariamente abuserai delle donne, ma quella rabbia è una conseguenza dell'abuso, dell'impossibilità di crescere, sviluppare una personalità autonoma ed essere te stesso. Hai dovuto reprimere le tue emozioni, sei stato manipolato ed accudito per soddisfare i bisogni di questa donna e la rabbia che ne deriva è del tutto legittima, ma va riconosciuta ed elaborata.

In psicoterapia, è importante rielaborare la tua esperienza nel modo giusto. È molto importante trovare un terapista esperto in disturbi di personalità, specialmente quando si tratta di lavorare con i figli di un narcisista. Il terapista dovrebbe essere in grado di permetterti di esprimere la tua rabbia in un ambiente controllato, per tirar fuori tutto. Puoi elaborarla in modo da poter essere più logico e razionale su come ti senti, in modo da poter prendere lucidamente decisioni riguardanti il tuo futuro.

Molti figli maschi di madri narcisiste sono co-dipendenti, attraggono donne che li calpestano, li usano e poi li gettano a loro piacimento, perché sono stati programmati fin dall'infanzia ad annullare se stessi per soddisfare le esigenze altrui. Questa situazione si verifica quando la madre è una narcisista *overt*. In altri casi, quando la madre narcisista è *covert* ed invischiante, il figlio rischia di diventare narcisista a sua volta. Questo avviene quando la madre pone il figlio su un piedistallo, sembra molto dolce e molto accudente ma c'è quasi un incesto emotivo.

La madre è passivo-aggressiva nei suoi commenti sulle donne, è passivo-aggressiva quando viene lasciata sola, ma il messaggio è "*Non lasciarmi mai, devo venire prima io*". Potreste formare una diade indissolubile e se non sei a conoscenza della tua dipendenza dall'approvazione della mamma e dal modo in cui sta manipolando la situazione, ti assicurerai che resti al centro della tua vita per sempre. Se non sei consapevole di ciò che sta accadendo, se non sai che è disfunzionale e che non hai tagliato il cordone ombelicale, quando un'altra donna entrerà nella tua vita si creerà una competizione e sarete tu e tua madre contro questa donna. Se sei il figlio di una madre narcisista, ci sono così tanti modi in cui questo può svolgersi. Se hai una madre narcisista *overt*, potrebbe essere più facile riconoscere che tua madre ti ha messo contro ogni donna che tu abbia mai portato in casa ed ha parlato male di chiunque sia mai entrato nella tua vita. Ti ha programmato a pensare che il mondo sia un posto spaventoso, perché vuole essere sempre al primo posto ed essere certa di avere sempre il suo appagamento narcisistico.

Una madre equilibrata sa che è suo compito insegnare al figlio a cavarsela da solo quando lei non ci sarà più. Alla madre narcisista invece non importa nulla di tutto questo, si sente autorizzata a sfruttarti emotivamente, ti farà sentire come se non prendessi le giuste decisioni, provocherà grandi sensi di colpa e sentimenti di inadeguatezza. Sarà difficile per te prendere una decisione senza tua madre, perché lei continua ad insinuare che non stai facendo nulla di giusto.

Questa è la madre narcisista *overt*, che è più facile da riconoscere. Se vuoi fare le cose da solo, troverà il modo di insinuare che è un'idea stupida e troverà il modo di tarparti le ali. Crescendo attirerai le donne e lei troverà qualcosa di sbagliato in ogni donna. Se ti sposi, tua madre sarà una costante fonte di dolore per te e tua moglie: si lamenterà dei tuoi figli, di tua moglie e perfino di te, se non soddisfi le sue pretese. Se accade un lieto evento in famiglia, troverà un modo per rovinare tutto. Il suo obiettivo è di farti preoccupare per lei, quindi se ha il vago sentore che verrà messa in secondo piano, ti darà molti problemi.

I figli maschi di madri narcisiste possono vivere un intenso conflitto interiore e covare molta rabbia repressa di cui non sono consapevoli. Alcuni diventano troppo accondiscendenti, veri e propri zerbini per le donne. Attireranno donne violente perché inconsciamente è come se sposassero la loro madre e non sanno come stabilire dei limiti e farsi rispettare.

Al contrario, ci sono uomini che entrano in conflitto con la figura materna e di conseguenza con tutto il genere femminile. Si sono sentiti oppressi da bambini e di conseguenza sviluppano sentimenti di evitamento e rifiuto nei confronti di tutto il genere femminile, vissuto come controllante ed oppressivo. Questo accade perché sono poco consapevoli di ciò che provano per la loro madre. Non essendo consapevoli dei sentimenti negativi verso la propria madre, proiettano quei sentimenti su tutte le altre donne. Potrebbero ancora desiderare una relazione, soprattutto di carattere sessuale, ma a livello affettivo permane un grandissimo conflitto, con sentimenti di rifiuto e impulsi di allontanamento.

Come abbiamo visto, una madre narcisista può condizionare la vita di un figlio maschio in diversi modi ed è importante capire cosa ti è successo durante l'infanzia e come questo abbia effetti sulla vita adulta. Devi diventare consapevole delle tremende conseguenze che hai subito. Ti è stato detto che la vita fa paura e quando si tratta di sposarsi c'è sempre la possibilità che tu possa divorziare, c'è sempre la possibilità che tu possa essere abbandonato da una donna. La paura dell'abbandono potrebbe spingerti ad evitare le relazioni e non essere disponibile.

È così importante che tutti noi riconosciamo come avere genitori narcisisti ci colpisca da adulti e dobbiamo guarire questa ferita aperta nel nostro cuore. Abbiamo bisogno di poterci mostrare vulnerabili ma siamo spaventati, abbiamo paura di essere coinvolti ed invischiati nelle relazioni. Abbiamo bisogno di fidarci delle persone, ma non ci fidiamo.

Abbiamo bisogno di essere amati ma non amiamo noi stessi. È importante sapere che le soluzioni esistono. La cosa più importante che puoi fare è cercare di comprendere le conseguenze di ciò che ti è successo. Capisci che hai avuto una figura paterna che è stata demolita dalla madre narcisista e non hai visto un uomo porre dei limiti.

Di conseguenza, non sai come stabilire dei confini all'interno di una relazione con una donna o con altre persone. Tutto questo non è colpa tua. Non è colpa tua se hai una madre che ha voluto creare in te una dipendenza, in modo che non potessi mai lasciarla e nessuno, nessun'altra donna, potesse mai sostituirla. Quando inizi a rendertene conto, potresti sentirti arrabbiato e questo è normale perché la tua infanzia ti è stata rubata. La tua innocenza, la capacità di sentirti vulnerabile ti sono state derubate. Pertanto, la tua rabbia è valida ma ciò non significa che ora puoi sfogarla su vittime innocenti. Scegliere una terapista donna ti permetterà di mettere in luce tutte le dinamiche del rapporto con tua madre e la relazione terapeutica avrà maggiori effetti riparativi.

La lettura di questo libro ti farà arrivare in terapia più preparato e consapevole, ma è importante scegliere uno psicoterapeuta che sappia creare una relazione terapeutica efficace. Come uomo hai bisogno poter esprimere come ti senti veramente, cosa provi per tua madre, senza sentirti giudicato. I tuoi amici potrebbero dire che non dovresti sentirti così per tua madre, o potresti trovare un terapista che ti invita semplicemente a perdonare. Con l'aiuto professionale adatto potrai concretamente imparare a stabilire dei limiti nelle relazioni con le altre persone e sapere che, indipendentemente dall'altrui riconoscimento, hai la tua identità, hai il diritto di essere felice, di sviluppare il potenziale e realizzarti anche nella vita sociale ed affettiva.

La buona notizia è che puoi guarire dai traumi dell'abuso narcisistico e rivendicare il tuo diritto ad una vita sana e felice. Puoi imparare ad amare te stesso ed avere relazioni più sane con altre donne; puoi attrarre donne diverse da tua madre. Devi assolutamente sapere che c'è speranza per te!

2.5 Le madri narcisiste e le figlie femmine

La relazione tra la madre narcisista ed una figlia femmina ruota attorno a due dinamiche: manipolazione e controllo. Con la manipolazione, la madre fa costantemente sentire la figlia colpevole per qualcosa. Che sia per quanto ha fatto per la bambina, o quanto ha fatto per la famiglia, quanto ha sacrificato, quanto si rende disponibile: la manipolazione fa sempre leva sui sensi di colpa. La manipolazione può anche consistere nel fingere di occuparsi al massimo di questa bambina, di norma ricoprendola di beni materiali di cui non ha nemmeno bisogno, cercando di apparire completamente assorbita dal suo ruolo genitoriale. Una volta creata questa immagine di madre premurosa e totalmente dedita alla figlia, può iniziare ad agire sul senso di colpa di quest'ultima.

Ecco come funziona la manipolazione, che ci porta al secondo punto di questa dinamica: il controllo. I sensi di colpa hanno lo scopo di controllare le emozioni della figlia ed il suo comportamento nei confronti della madre. Il controllo si presenta in due forme: il rifiuto e il trattamento del silenzio.

La manipolazione ha lo scopo di rendere i figli emotivamente dipendenti e poi, quando questi non fanno esattamente ciò che la madre vuole al momento giusto, subentrano la negazione dell'amore, il rifiuto ed il trattamento silenzioso. Una madre narcisista può trascorrere settimane e mesi senza parlare ai figli. Può accusare la bambina di essere ingrata se fa anche solo una semplice richiesta, come i soldi per il pranzo, oppure la ignora totalmente. La madre è presente fisicamente ma nega totalmente la propria disponibilità materiale ed emotiva. È quasi un rapporto formale e questo è molto doloroso per i figli.

Le madri narcisiste danneggiano le proprie figlie in molti modi:

1. Pettegolezzi.

La madre narcisista vive di pettegolezzi. Sono la sua fonte di energia, ciò che la fa andare avanti. La madre narcisista si comporterà in un modo davanti alla figlia ma poi in sua assenza si lamenterà e parlerà male di lei alle sue spalle. Potrebbe dire cose come "*Riesci a credere a quello che mi ha fatto dopo tutto quello che le ho dato?*" oppure "*Potresti credere che non l'abbia fatto, dopo tutto quello che io ho fatto per lei?*". I narcisisti hanno difficoltà a vedere le persone come individui autonomi; di conseguenza, la madre considererà come suoi tutti i risultati che la figlia consegue da sola, mentre tutti i fallimenti della madre saranno attribuiti alla figlia. È come se la figlia fosse uno schermo bianco sul quale la madre proietta se stessa, ed è questa la ragione del pettegolezzo.

È molto doloroso per una figlia venire a sapere da altri membri della famiglia che sua madre è arrabbiata con lei ma non glielo dice in faccia. La madre trama costantemente alle spalle della figlia e la ostacola continuamente.

2. Sabotaggio.

La madre narcisista mina le relazioni intime di sua figlia, ne mina la crescita e la carriera, compromettendone la generale felicità. La madre narcisista saboterà la figlia in ogni momento. Darà consigli non richiesti, specialmente riguardo le relazioni intime: "*Oh mio Dio, non vorrai sposarti ora!*", "*Non dovresti avere figli adesso!*" o "*Che ne dici di quel ragazzo con cui uscivi?*". La madre narcisista può essere molto invadente. Considera la relazione della figlia come un'estensione della propria e, per esempio, vorrebbe che la figlia sposasse un dato uomo anche se la figlia non lo vuole. Potrebbe dare consigli deliberatamente sbagliati per sabotare la figlia e poterle dire "*Te l'avevo detto!*". La madre narcisista deve sempre avere ragione e far sentire la figlia come se ci fosse qualcosa di sbagliato in lei.

3. Proiezione

Se vuoi sapere come i narcisisti considerano se stessi, ascolta ciò che proiettano su di te. Per esempio, la madre narcisista può accusare la figlia di prostituirsi, di essere una persona promiscua o di avere una condotta immorale, mentre alla figlia non passa nemmeno per l'anticamera del cervello di fare certe cose...

4. Vittimismo

Le madri narcisiste sono maestre di vittimismo e sono così brave che dall'esterno tutti credono siano delle martiri. Dicono per esempio: "*Mia figlia non viene nemmeno a trovarmi, dopo tutto quello che ho fatto per lei!*" oppure "*Non si fermeranno nemmeno per farmi visita e cenare con me, non posso credere che siano così ingrati!*". Per chiunque le ascolterà sono le vittime, sono state madri eccezionali ma i figli sono così ingrati, sono così cattivi e irrispettosi che non vogliono avere nulla a che fare con loro. La madre narcisista recita il ruolo di vittima sacrificale della famiglia, per provocare sensi di colpa nei suoi figli, in particolare nelle figlie femmine. Si tratta di una forma davvero potente di manipolazione.

5. Triangolazione

Le madri narcisiste rendono i figli insicuri nel relazionarsi con gli altri, in un modo malato che le rende felici. Con il termine triangolazione si intende la pratica di mediare tra due persone, impedendo una relazione diretta fra loro. Le madri narcisiste amano triangolare, cioè interporsi nelle relazioni fra i loro figli (in particolare le figlie femmine) ed altre persone, per abbattere la loro autostima. Spesso, attraverso una triangolazione manipolata, amano creare conflitti e drammi nei diversi contesti in cui operano.

Non avendo mai potuto interagire autonomamente con le altre persone fin dall'infanzia, la figlia diventa dipendente dalla madre e dalla sua approvazione, al punto che non vorrà prendere la minima decisione o iniziativa senza di lei. Anche da adulta la figlia sarà come un criceto nella ruota, alla costante e vana ricerca dell'approvazione, dell'amore e dell'affetto della madre.

6. Competizione

Ci sembra controintuitivo che una madre possa competere con sua figlia. È controintuitivo per le persone normali, ma la maggior parte delle figlie allevate da madri narcisiste confermeranno che questa competizione è iniziata molto presto nella loro vita. Inizia in tenera età, ma poi questa figlia che cresce e matura fisicamente diventa per la madre un costante promemoria che la sua giovinezza sta scivolando via, che non è più così giovane e bella. A questo punto la competizione raggiunge il suo apice.

La competizione si collega direttamente al sabotaggio, perché la madre narcisista non vuole che la figlia sia migliore di lei e soprattutto non vuole che ottenga qualcosa che lei non ha ottenuto. Vuole arrestare la crescita della figlia in modo che non la superi mai, perché è in diretta concorrenza con lei. La competizione diretta deriva da un fondo di invidia e gelosia. La madre è invidiosa e gelosa di sua figlia, per la quale è molto doloroso rendersi conto che la madre è contro di lei. Se la figlia non è completamente succube della madre e riesce a non soccombere a questa competizione, svilupperà comunque problemi di autostima e fiducia: *"Come posso fidarmi di qualcuno, se non posso nemmeno fidarmi di mia madre?"*.

Se sei la figlia di una madre narcisista, subendo tutto questo puoi crescere in due modi: diventare narcisista come la madre che ti ha allevato oppure essere la persona più leale, amorevole e generosa che qualcuno abbia mai conosciuto, specialmente per i tuoi figli.

2.6 Effetti dell'abuso narcisistico sui figli adulti

Quando cresciamo con un genitore narcisista, ciò con cui lottiamo di più è l'abbandono emotivo. Se sei cresciuto con una madre narcisista, probabilmente non è stata in grado di fare nient'altro che mantenerti in vita. Di conseguenza, avere una madre narcisista può comportare l'incapacità di prendersi cura di se stessi e la tendenza a cercare costantemente di soddisfare i bisogni degli altri mettendosi in secondo piano.

In età adulta, i figli di genitori narcisisti presentano problemi comuni.

Ignorano i propri bisogni e desideri.

Le persone narcisiste hanno sempre bisogno di attenzione ed amano manipolare gli altri per trarne il massimo appagamento possibile. Tradotto nel contesto familiare, i figli di una madre narcisista crescono con il bisogno di compiacerla, per ottenere da lei l'accudimento di cui necessitano. In questa situazione, i bambini non si percepiscono come individui ma diventano un riflesso di ciò che la madre vuole, svolgendo tutte le attività che si aspetta da loro. La madre li premia solo se raggiungono i risultati e gli obiettivi imposti. Una volta adulti, non hanno consapevolezza dei propri bisogni individuali e cercano di soddisfare gli altri piuttosto che se stessi.

Hanno bassa autostima.

Una madre narcisista dà affetto ai bambini solo quando vuole qualcosa da loro. Inoltre, è così esigente che risulta impossibile soddisfare tutte le sue aspettative. Di conseguenza, invierà ai suoi figli segnali costanti di insoddisfazione, che li faranno sentire inadeguati e "*mai abbastanza bravi*". In età adulta questi figli si sentiranno sempre incompetenti, incapaci, ansiosi e avranno scarsa autostima.

Non sanno amare se stessi.

La madre narcisista non permette ai suoi figli di amare se stessi e di accettarsi per come sono. I figli adulti di una madre narcisista difficilmente si sentiranno a proprio agio. Anche se raggiungono grandi obiettivi o fanno tutto ciò che si prefiggono di fare, nulla sarà mai abbastanza per loro.

Diventano troppo servizievoli.

A causa della grande attenzione che richiede una madre narcisista, la vita dei suoi figli ruota attorno a lei, ai suoi problemi, ai suoi bisogni e alla sua felicità. Per questo motivo, i bambini diventano fonte di supporto emotivo e vengono coinvolti in situazioni a cui non dovrebbero prendere parte. Si assumono così tante responsabilità dimenticando di essere bambini, al punto da diventare più simili ad un partner. Molti figli adulti di madri narcisiste sentono di aver passato una vita a risolvere problemi. Sebbene ciò possa essere positivo, poiché hanno imparato a superare molte difficoltà, porteranno un grande peso dentro di sé e difficilmente si fideranno degli altri.

Negatività.

Avere una madre narcisista comporta ricevere continui messaggi negativi. Per questo motivo, i figli devono imparare a metabolizzare le critiche e le parole dannose per la loro psiche. Spesso si crea un effetto specchio: poiché hanno ricevuto messaggi negativi, tendono ad interiorizzarli e rilanciarli a loro volta.

Perdono la loro vera essenza.

I bambini imparano a negare parte della loro essenza per mostrare ciò che la madre si aspetta da loro. Nel tempo, questo processo di negazione diventa un'abitudine. Da adulti possono avere difficoltà a riconoscere chi sono, quali sono i loro desideri reali e cosa si aspettano dalla vita e dagli altri.

Auto-sabotaggio.

Avere una madre narcisista significa ricevere sempre il messaggio che non sei abbastanza bravo. Questo prepara i bambini ad aspettarsi sempre il peggio da ogni situazione. Crescendo, eviteranno di esprimere le proprie emozioni per rimanere più al sicuro possibile. Per esempio, eviteranno di innamorarsi per non essere abbandonati. Naturalmente questo genera un circolo vizioso che genera ulteriore ansia e insicurezza.

Nella terza parte di questo libro presenterò alcune soluzioni per gestire una madre narcisista.

CAPITOLO 3
SOLUZIONI

3.1 Come proteggersi da una madre narcisista.

UNA MADRE NARCISISTA non ha la capacità di mostrarti empatia o compassione ed è un segreto inconfessabile perché, se ne parlerai con persone che non hanno un genitore simile, ti giudicheranno male. Diranno le solite frasi fatte del tipo *"È comunque tua madre!"*, non avendo idea di cosa stai passando.

Avere una madre narcisista significa che tutto riguarda lei: il tuo matrimonio riguarda lei, tutte le tue relazioni riguardano lei e a volte diventerà persino amica dei tuoi stessi amici. I tuoi successi ovviamente diventano suoi, ogni talento che hai proviene da lei, ed è gelosa di te. Tutto ciò è tremendamente controintuitivo, perché i genitori normali e sani sperano che i figli abbiano più successo di loro.

Scopriamo ora come proteggersi da una madre narcisista.

Il primo passo è **non negare la realtà** ed è difficile, perché il bambino che è in te vorrebbe tanto essersi sbagliato nei riguardi di tua madre. Quando sei più giovane, la giustifichi e ti addossi le colpe: "*Se fossi migliore, se fossi diverso, lei non sarebbe così*". Ma ora non sei più un bambino e tocca alla tua parte adulta prendere il controllo, perché il bambino che è in te potrebbe non volersi arrendere all'evidenza.

Se tua madre è una narcisista patologica, la sua capacità di amarti è molto limitata in quanto i narcisisti ti amano solo nella misura in cui si identificano in te. Per esempio, se sei il bambino d'oro la madre narcisista ottiene da te il suo appagamento narcisistico positivo, quindi vuole che ascolti le sue lunghe storie, che alimenti il suo ego e dica che ha ragione su tutti i conflitti che sta avendo con altre persone. Sa come manipolarti e nel momento in cui inizi a prendere la strada dell'autonomia, inizierà a sabotarti, umiliarti e metterti in imbarazzo.

Per far fronte a questa situazione devi prima prenderne atto ed accettarla, perché solo da questa presa d'atto della realtà potrai iniziare a costruire un vero piano per salvarti. La ragione per cui devi salvarti è che **non ci sarà mai fine ai sacrifici che dovrai fare per lei.** Non potrai fare mai abbastanza per nutrire il suo ego ed anche se dessi tutto te stesso non sarebbe mai soddisfatta. Sacrificare tutta la tua vita per cercare di compiacere questa persona, che sarà contenta solo temporaneamente per poi tornare irrimediabilmente insoddisfatta e pretenziosa, è come cercare di colmare un abisso senza fondo.

Non farlo, sarebbe inutile e alla fine non sarebbe comunque mai abbastanza per lei. Lei vuole da te il suo appagamento narcisistico, ma se non lo prende da te si rivolgerà qualcun altro. Tu sei solo una fonte di appagamento per lei, non sei una persona, ed accettare questo fatto è la prima cosa.

La seconda cosa è la **conoscenza**: devi essere informato sulla malattia mentale e sui disturbi di personalità. Cerca di informarti a fondo sulle madri narcisiste, anche per poter individuare e conoscere il tipo di madre narcisista con cui stai interagendo. Inoltre, ti aiuterà ad alleviare la solitudine, perché ti renderai conto che nel mondo ci sono milioni di persone che stanno vivendo la tua stessa esperienza in questo momento.

Se sei costretto a convivere con tua madre perché non hai abbastanza soldi per trasferirti, perché sei troppo giovane o lei in qualche modo ti ha manipolato per tenerti vicino ed ora ti senti rovinato a causa sua, la conoscenza è potere ed è la chiave per conquistare la tua libertà.

Il passo successivo è porre dei limiti al suo comportamento. Questa è la parte più difficile, perché devi agire nei confronti della persona che temi di più ed hai il terrore di ricevere la sua disapprovazione. Se ti sta torturando, devi tracciare dei confini per proteggere te stesso. Se ciò implica limitare i contatti, fare un passo indietro, non alzare il telefono e fare una pausa, allora fallo. Se la situazione è tossica per te e stai subendo gravi abusi, non meriti tutto ciò ed è tuo compito proteggerti anche se per farlo devi interrompere completamente i rapporti.

Il limite è importante e, anche se all'inizio sarà una sfida, hai il diritto di tutelarti anche attraverso misure estreme. Dal momento in cui inizi a creare queste barriere per arginare tua madre, non dirle più nulla di te, non dirle nulla di importante che potrebbe usare contro di te quando tornerà più tardi per perseguitarti. Lei archivierà tutto quello che potrà utilizzare contro di te in un secondo momento.

L'ultimo consiglio è: concentrati su di te. Impiega le tue energie per la tua stessa guarigione, perché meriti tutto il tuo amore e la tua attenzione. Puoi unirti ad un gruppo di supporto o iniziare una psicoterapia. Concentrarsi su di te significa anche costruire relazioni sane con le altre persone. Puoi trovare altre figure materne, donne più grandi e mature, che sono equilibrate e buone mamme per i loro figli. Trova un mentore, che emani un'energia positiva e che ritieni sia gentile, compassionevole, empatico e costruisci relazioni con lui o lei. Parte integrante del lavoro che dovresti fare su di te è cercare ed ottenere l'aiuto di cui hai bisogno, che meriti. La tua situazione è sanabile, puoi proteggerti e continuare a prosperare nella vita nonostante tu abbia una madre patologica.

Un altro modo per concentrarti su di te consiste nel cercare dentro di te eventuali residui dell'influenza di tua madre. Non diventerai narcisista solo perché hai un genitore narcisista, ma sicuramente avrai appreso molti modi disfunzionali di pensare ed agire di cui dovresti diventare consapevole, per poterti correggere. Scovare tutti i frammenti patologici innestati dentro di te dalla madre narcisista e rimuoverli per evitare che proliferino è una parte importante del lavoro che dovresti fare su di te.

3.2 Come affrontare una madre narcisista se vivi con lei

I narcisisti provocano intenzionalmente una situazione per ottenere appagamento narcisistico. Per esempio, la madre narcisista provoca una crisi ponendo una domanda innocente, magari chiedendo la tua opinione su qualcosa, ma in modo tale da indurti a dare una risposta negativa. Una madre narcisista ottiene appagamento dalle emozioni negative dei propri figli. Se tua madre può farti piangere, arrabbiare, stare male, lo farà per ricavare da te l'energia di cui ha bisogno per andare avanti.

Questa è la prima verità fondamentale da riconoscere.

Una volta riconosciuta la verità, troncare i rapporti è la soluzione migliore per salvarsi dagli abusi. Questo è spesso impossibile per molte ragioni ed allora occorre trovare soluzioni alternative. Se non puoi interrompere ogni contatto, la prima cosa da fare è evitare di dare risposte emotive negative, qualunque cosa accada. Questo è un modo per non fornire appagamento narcisistico a tua madre.

A questo punto, probabilmente ti starai chiedendo: "*Come faccio, se mi provoca costantemente?*"

Dal momento che non puoi cambiare il narcisista, quello che puoi fare è **reinterpretare l'esperienza**. Si tratta di una tecnica di PNL: invece di sentirti impotente e arrabbiato, puoi tentare di dare un nuovo significato, più utile per te, all'esperienza. Per esempio, quando lei irrompe nella tua stanza, la tua prima reazione sarebbe di tensione emotiva, con il tuo sistema di difesa che entra in azione, perché sai che non finirà in modo positivo. Se puoi riformulare questa esperienza e spostare la tua attenzione su un aspetto positivo, ad esempio pensando

"*Questa è un'opportunità per dimostrare che ho il controllo delle mie emozioni e posso decidere come reagire a quel che mi accade*", ti sentirai meglio ed eviterai di dare soddisfazione a tua madre.

Un'altra buona strategia per neutralizzare la madre narcisista quando cerca di provocarti, è fingere di avere un'emergenza improvvisa per poter evitare di rispondere. Per esempio, potresti dire "*Questa è una buona domanda, ma sfortunatamente ho appena ricevuto una chiamata dal mio capo, devo tornare in ufficio; forse dopo avrò la possibilità di rispondere*" ed allontanarti. Un altro esempio di emergenza improvvisa potrebbe consistere nel guardare il tuo telefono e dire: "*Mi piacerebbe rispondere subito, ma ho appena ricevuto un messaggio e devo rispondere assolutamente, ma forse dopo potrò tornare da te*". Oppure se hai già capito le sue intenzioni, potresti dire qualcosa del tipo "*Mi dispiace interromperti, ma devo andare a fare la doccia. Sono un po' di fretta, ma parleremo più tardi*" o qualcosa di simile.

Un'emergenza improvvisa non è qualcosa che puoi usare sempre, si tratta soluzioni temporanee per aiutarti a gestire la tua situazione attuale. In futuro, una volta che sarai finalmente fuori casa, potrai porre dei limiti più netti oppure rompere completamente i rapporti. Ma per il momento, queste sono due strategie che puoi impiegare per limitare i danni.

3.3 Prendere le distanze dalla madre narcisista

È indispensabile capire che, anche interrompendo i contatti, potresti continuare a sentirti tormentato mentalmente ed emotivamente. Devi sapere che non sei solo e molti hanno attraversato una situazione molto simile. Ci sono casi in cui i sensi di colpa e la pressione psicologica sono così forti da togliere letteralmente il respiro.

Ci sono altri casi in cui può funzionare un contatto minimo, un *"contatto mitigato"*: puoi selezionare con cautela ciò che condividi con tua madre, ciò che le permetti di fare, ponendo confini molto netti. Considerando che lei cercherà sempre di oltrepassare quei limiti, si tratta di una decisione che solo tu puoi prendere. Non posso dirti cosa è giusto per te.

Trattare con un genitore narcisista può essere stressante per la salute fisica, non solo per quella psicologica. Quando il tuo corpo inizia a non tollerare più lo stress psicologico, la soluzione ideale sarebbe interrompere completamente ogni contatto, ma nella realtà ci sono situazioni in cui non è possibile farlo. In questi casi diventa fondamentale saper padroneggiare i tuoi confini interpersonali, in modo da poter esternare quell'abuso, piuttosto che interiorizzarlo e permettergli di influenzare la tua vita.

Innanzitutto, devi imparare a non prendere personalmente i commenti negativi. La creazione di barriere psicologiche può aiutarti ad eliminare questi aspetti negativi mentre lavori sulle tue reazioni. È anche importante riconoscere che questa persona continuerà a far leva sulle tue debolezze. Pertanto, dipende da te fare lavorare su te stesso per diventare più equilibrato e difficilmente attaccabile.

Ciò non significa che dobbiamo mantenere quelle persone nella nostra vita solo per dimostrare che non abbiamo più punti deboli. Significa che vuoi farlo per la tua stessa guarigione, perché anche se tua madre esce dalla tua vita, qualcun altro potrebbe agire con gli stessi schemi e far leva sui tuoi punti deboli. Per questo non risolverai il problema con tua madre semplicemente interrompendo il contatto con lei, ma staccandoti da lei psicologicamente ed emotivamente, perché inevitabilmente hai interiorizzato i suoi schemi patologici.

Si tratta di una grande sfida da affrontare, perché tua madre è il prodotto di un'intera famiglia che ha scusato ed abilitato l'abuso narcisistico per generazioni. Gli stessi narcisisti sono vittime dei propri genitori e così via, risalendo a generazioni di abusi perpetrati e subiti. Ora tu hai l'occasione di interrompere questa catena di abusi familiari, perché essere abusati non è mai una scusa per abusare di qualcun altro. Ora sei un adulto e non risolverai nulla incolpando le generazioni precedenti. È importante riconoscere l'abuso quando avviene nel presente e non tollerarlo nel momento in cui accade, ma è anche importante potenziare noi stessi e riconoscere che questo è un modello transgenerazionale e l'unico modo di fermarlo è esercitare un nostro atto di volontà. Qui si tratta di comprendere, non ancora di perdonare.

In futuro, potrebbe sorgere l'esigenza di perdonare, ma non puoi forzarti e il tutto avverrà al momento giusto, se succederà. A volte il concetto di perdono viene frainteso e pensiamo che perdonare significhi dire che quanto accaduto era accettabile. Il perdono non condona un comportamento e talvolta temiamo che se perdoniamo significa che dobbiamo mantenere quella persona nella nostra vita. Non significa neanche questo: non devi tenere quella persona nella tua vita, puoi perdonarla anche senza mai avere un dialogo con lei. Potrebbe perfino essere morta, ma tu puoi perdonarla perché il perdono riguarda te, non lei. Il perdono è a tuo beneficio, per liberarti da quei pesanti sentimenti di rancore, rimpianto, amarezza e disprezzo.

Alcune persone perdonano molto facilmente, ma questo rientra piuttosto nella dinamica dell'abuso. A molte vittime è stato insegnato a perdonare e continuare a permettere al narcisista di ferirli, per poi perdonare di nuovo. Forse ti potrebbe essere stato insegnato a perdonare in questo modo, ma si tratta di un modello disfunzionale di perdono.

Perdono non significa che continuerai a porgere l'altra guancia o continuerai a permettere all'altra persona di abusare di te. Il vero perdono è liberarsi dei sentimenti negativi, è rispedire al mittente tutti quei sentimenti che lei ti ha trasmesso attraverso la proiezione e l'abuso. Il perdono è lasciar andare tutte le emozioni tossiche. La presenza fisica di tua madre non dovrebbe avere nulla a che fare con il modo in cui ti senti. Anche dopo la sua morte, quei sentimenti di prigionia continueranno ad esistere dentro di te fino a quando non ti libererai e ricorderai che le sbarre della tua prigione non sono reali.

All'inizio ti ritrovi in una prigione, impotente e senza speranza come se non potessi uscire, perché quell'impotenza appresa non ti fa nemmeno tentare di uscire. Ma un giorno qualcosa scatta dentro di te e semplicemente ti alzi e attraversi quelle sbarre, rendendoti conto che non erano reali, erano solo un ologramma, un inganno. Dipende solo da te alzarti ed uscire dalla prigione, una volta sviluppate consapevolezza e forza di volontà.

3.4 Recupera il tuo potere

I figli adulti di genitori narcisisti sono intrappolati in terribili schemi relazionali. Inoltre, credono che gli altri possano togliere loro il potere di autodeterminarsi e ciò finisce inevitabilmente per accadere.

I narcisisti sono molto bravi a prendere di mira le persone influenzabili emotivamente e psicologicamente. Non si relazionano con quelle persone che hanno un'identità forte e non sono manipolabili. Crescere nell'auto-differenziazione significa rendersi conto che nessuno può farti sentire in un certo modo se tu non glielo permetti. I figli di genitori narcisisti non sono consapevoli della facoltà dell'individuo di autodeterminarsi, perché il narcisista si è appropriato di questo potere fin dalla loro nascita.

Più siamo emotivamente invischiati con qualcuno, più quella persona ci fa sentire e pensare in determinati modi. Se una persona nella tua vita ti fa sentire in colpa o pensare *"Sono inutile"* o *"Non sono degno"* in modo automatico, questo indica che hai bisogno di porre una maggiore distanza emotiva fra voi. Questo vale per tua madre ma anche per tutti gli altri. Più ti renderai conto di questo fenomeno, più potrai distaccarti e diventare padrone di te stesso.

Come ottenere la libertà emotiva e distaccarsi da una madre narcisista?

Facciamo un esempio: anche se non invitassi tua madre a pranzo tutte le domeniche come lei si aspetta che tu faccia, i pianeti resterebbero in orbita ed il sole sorgerebbe comunque. Non cascherà il mondo se alla fine la tua volontà prevale. Non farti intimidire.

Uno dei modi migliori per affrontare i sensi di colpa che sei stato programmato a provare quando non soddisfi le richieste di tua madre, è accettare di essere *"un pessimo figlio"*. Sfidala a tenersi questo figlio (secondo lei) ingrato. Non è cosa che ti riguarda. Concretamente, puoi iniziare a riprendere il tuo potere e toglierlo alla madre narcisista seguendo questi suggerimenti:

1. Non lasciare che le tue emozioni dirigano la tua vita. Le emozioni possono essere importanti per la guarigione e la vita, ma se ti concentri troppo sui tuoi sentimenti quando hai a che fare con i narcisisti, allora sarai nei guai. La maggior parte dei sentimenti che nascono dalle interazioni con i narcisisti sono falsi. Non sono veri sentimenti ma sono frutto della manipolazione subìta nell'ambito della relazione patologica.

2. Analizza i tuoi sentimenti. Chiediti se la tua risposta emotiva è sproporzionata oppure adeguata alla situazione. Per esempio, nessun adulto dovrebbe sentirsi in colpa per aver deciso di fare qualcosa che vuole fare, oppure aver rifiutato di fare un qualcosa che non gli va di fare. Si tratta di falsi sentimenti che nascono dai modelli relazionali appresi in famiglia.

3. Cerca di sostenerti con le tue sole forze e crea relazioni positive esterne alla famiglia. Se dipendi finanziariamente da tua madre, lavora per spezzare quella dipendenza finanziaria. Se sei isolato e le tue relazioni sociali sono limitate ai membri malsani della famiglia, inizia a costruire nuove relazioni frequentando gruppi di supporto ed amici equilibrati.

4. Impedisci ai pensieri negativi di ossessionarti. Per esempio "*Il mio comportamento causerà un ictus a mia madre*", "*Sono sempre stato la pecora nera della famiglia*", "*Tutti in famiglia pensano che io abbia torto*". Non è sempre facile, ma dobbiamo resistere. Cerca di mantenere una visione oggettiva della realtà frequentando amici equilibrati, gruppi di supporto, allenatori, terapisti o altri professionisti. Controlla se sei depresso e se la tua depressione sta causando la riproposizione continua del trauma, perché la depressione comporta un pensare ossessivamente negativo difficile da eliminare.

5. Allenati a sopportare l'astinenza dall'approvazione di tua madre e della tua famiglia disfunzionale. Occorre procedere con cautela, perché rendersi indipendenti dall'amore e dall'approvazione degli altri richiede una forte struttura emotiva. Si tratta di un passo molto importante perché, pur non avendo mai ottenuto amore ed approvazione, ne sei comunque dipendente. Per la precisione, sei dipendente dal tentativo di ottenerli e potresti non riuscire a liberarti dalla situazione di abuso a causa di questa dipendenza.

6. Lavora su autostima, amor proprio e cura di te. Utilizza il tuo gruppo di supporto sano come rinforzo positivo. I buoni amici non pretendono niente da te, non richiedono obbedienza o lealtà come fa il narcisista, non ti respingeranno come una famiglia patologica.

3.5 Consigli pratici per emanciparsi dalla famiglia patologica.

Quando ti allontani da una famiglia normale, che ha valori sani ed incoraggia i figli, costruisci la tua autostima. Ma una famiglia guidata da un narcisista non è incoraggiante e non è di supporto: vieni costantemente sminuito, ti dicono che non puoi farcela, che non concluderai nulla nella vita, che non vali nulla o che non sarai mai in grado di andartene. Le famiglie con un genitore narcisista sono diverse da tutte le altre ed è per questo che la tua organizzazione sarà diversa rispetto a quella dei figli che si allontanano da una famiglia normale.

Poiché hai una famiglia disfunzionale, incontrerai molta resistenza quando vorrai trasferirti, perché la madre narcisista vede allontanarsi la sua fonte principale di energia. Pienamente consapevole del fatto che i genitori hanno totale controllo sui figli fino alla maggiore età, i suggerimenti che darò sono applicabili a partire dai 16 anni come fase preparatoria, oppure da chi abbia già raggiunto la maggiore età, per un'uscita immediata.

1. Trova un lavoro (o una rendita stabile)

A meno che tu non abbia una grande somma di denaro nascosta da qualche parte, trova un lavoro al più presto. Se stai cercando di trasferirti, un lavoro è letteralmente la cosa più importante. Consiglierei di trovare un lavoro che possa consentirti un trasferimento, oppure acquisire competenze lavorative che ti consentano di lavorare ovunque. Se dovessi trasferirti all'estero oppure in una regione o città diverse, potresti sfruttare la precedente esperienza lavorativa per ottenere un lavoro migliore. Se stai ancora frequentando le scuole superiori, potresti trovare un lavoro part-time.

Non deve essere necessariamente un lavoro convenzionale: ci sono molti lavori online che puoi fare come freelance, che consentono di costruire rendite stabili.

2. Riacquista tutto quello che non è tecnicamente tuo.

Acquista tutto ciò di cui avrai bisogno quando vivrai da solo, anche gli oggetti che possiedi già perché ti sono stati regalati o prestati. Quando te ne andrai, il genitore narcisista vorrà che tu li restituisca, per ostacolarti. Per evitare ciò, prima di andartene dovrai fare in modo che tutti gli oggetti utili siano di tua proprietà (telefono, auto, elettrodomestici ecc.).

3. Trova un alloggio.

Quando si tratta di trasferirsi ed affittare una stanza o un appartamento, ti serviranno delle garanzie oppure un reddito dimostrabile. Dovrai inoltre versare una caparra e avere sufficiente liquidità per le spese amministrative del contratto. Quindi, preparati in anticipo prima di trasferirti.

4. Conto di emergenza.

Si tratta di una somma di denaro che devi mettere da parte nel caso in cui accada qualche imprevisto. Nella vita può succedere di tutto e se ti ritrovi senza soldi non ci sarà nessuno ad aiutarti. Questo conto di emergenza è qualcosa che ti consiglio di creare molto prima di lasciare la famiglia, accantonando una parte delle tue entrate mensili.

5. Pianifica il trasloco

Il trasloco è la parte più stressante, perché devi portare tutte le tue cose in un nuovo alloggio. A seconda di quanto i tuoi genitori sono controllanti, sarà difficile o sarà abbastanza facile.

Quando verrà il momento di trasferirti, la tua famiglia disfunzionale utilizzerà diverse tattiche psicologiche per cercare di impedirtelo. Salvo eccezioni, non potrai fidarti di nessuno in famiglia e dovrai fare tutto da solo.

In questo modo guadagnerai anche molta autostima e fiducia in te stesso; essendo ormai adulto devi sapere cosa è meglio per te e non deve esserci nessuno là fuori che ti faccia dubitare di te stesso o ti dica che non ce la puoi fare. È totalmente tua la decisione se vuoi o meno interrompere il contatto con la tua famiglia, sei l'unica persona a controllare la tua vita. Questa è una sensazione meravigliosa: sentirsi finalmente un adulto, avere finalmente la libertà di allontanarsi da un ambiente tossico. Hai pieno controllo della tua vita e niente e nessuno al mondo potrà più sottometterti. Questa è l'esperienza più bella che tu possa vivere.

3.6 Accudire l'anziana madre narcisista

Sfortunatamente, ad un certo punto della vita molti figli adulti di genitori narcisisti si ritrovano a doverli accudire perché sono divenuti anziani, malati e resta loro poco da vivere. Ora, questa è una vera sfida perché non solo i figli hanno dovuto subire una vita di abusi, ma si ritrovano ad accudire qualcuno che continua a farli sentire in colpa e tormentarli. Infatti, i genitori narcisisti, indipendentemente dalla loro età, non smetteranno mai di cercare di ottenere appagamento narcisistico umiliandoti e provocando in te emozioni negative. Qualunque cosa facciano i figli per loro non è mai abbastanza e faranno in modo di farlo presente in ogni momento. Il tutto è molto scoraggiante e mortificante.

La prima cosa da fare a questo punto è distaccarti emotivamente in modo da non essere vulnerabile. Devi riconoscere che "*Non faccio mai abbastanza*" e qualunque altro pensiero negativo il narcisista vuole che tu abbia, non corrisponde alla realtà. Potresti vegliarli 24 ore al giorno, sette giorni su sette, senza mangiare, bere o respirare, ma per loro non sarebbe ancora abbastanza.

Cercare di soddisfare le richieste di un narcisista è come cercare di riempire un bicchiere con il fondo bucato. Puoi continuare a versare e versare, ma non si riempirà mai e la mancanza non sta nella quantità di acqua che stai versando: il vetro è rotto ed è così che devi vedere il narcisista. Non è che non stai facendo abbastanza, è che sono malati al punto che non riconosceranno mai tutto quello che fai, non gli daranno mai valore, ma non per colpa tua.

Consciamente potresti anche sapere che non dipende da te, ma se gli insulti del narcisista ti feriscono significa che una parte di te ci crede. Il genitore narcisista potrebbe dire che sei un figlio indegno, ma se hai la certezza interiore di essere un bravo figlio quell'insulto non avrà alcun effetto su di te. Se invece una parte di te dubita che possa avere ragione, quel dubbio peggiora ulteriormente il tuo stato emotivo e rinnova gli abusi.

Di conseguenza, uno dei modi per non subire la manipolazione del genitore narcisista è sviluppare un'identità forte, vedere te stesso non attraverso i suoi occhi ma attraverso i tuoi stessi occhi. Dovresti chiederti "*Che tipo di figlio sono?*" e trovare ogni giorno 3 o 4 fatti che dimostrano che stai facendo un ottimo lavoro e sei una persona amorevole. Non hai bisogno del genitore narcisista per renderti conto che stai facendo il tuo dovere di figlio nel migliore dei modi. L'unica persona che devi convincere è te stesso, perché il genitore narcisista ti ha programmato per provare solo sensi di colpa.

Più forte è l'immagine di noi stessi, meno gli insulti e i giudizi negativi ci toccheranno. Se non vuoi essere dominato da infondati sensi di colpa, devi esaminare la realtà attraverso i tuoi occhi, non attraverso gli occhi di una persona emotivamente abusante e manipolatrice. Devi allenare la tua mente per scoprire chi sei in modo positivo, in modo che quando gli altri dubitano di te, tu non dubiti di te stesso. Questo aspetto è fondamentale per le persone che devono accudire genitori narcisisti anziani, perché devono entrare in contatto con la loro negatività. Avere una forte immagine di sé e lavorarci quotidianamente aiuterà a limitare moltissimo gli effetti negativi della vicinanza con la madre narcisista.

Un'altra cosa che ti aiuterà molto è imparare a gestire una conversazione ostile. Un genitore narcisista ti lancia sempre frecciatine e provocazioni, specialmente quando meno te lo aspetti. Se impari a gestire la conversazione puoi evitare di cedere alle provocazioni ingaggiando discussioni e litigi logoranti. Ci sono alcune frasi che puoi pronunciare quando la madre narcisista inizia a criticare il tuo modo di prenderti cura di lei e ti fa sentire come se nulla di ciò che fai fosse abbastanza. Quando inizia la provocazione, puoi dire qualcosa del tipo: "*Bene, hai il diritto di avere la tua opinione*" o "*Peccato, vedi le cose così negativamente, sembra che tu sia molto arrabbiata*", oppure "*Se è così che scegli di vedere le cose, hai il diritto di avere le tue opinioni*" o ancora "*Mi dispiace che sia così difficile per te essere soddisfatta*".

Anche se queste frasi sono simili a quelle utilizzate dai genitori narcisisti nei confronti dei loro figli, è necessario utilizzarle per neutralizzare i loro abusi. Non significa porsi al loro stesso livello. Dare risposte che denotano indifferenza è una forma di autodifesa necessaria quando i narcisisti dicono qualcosa di negativo, perché impediscono loro di ottenere appagamento narcisistico. Infatti, più ottengono una risposta emotivamente carica, più si sentono appagati e la prossima volta faranno anche peggio.

Se hai scelto di prenderti cura della tua anziana madre narcisista, sarai in grado di farlo senza diventarne vittima, distaccandoti dal suo giudizio e neutralizzando le sue lamentele.

CAPITOLO 4
GUARIGIONE

4.1 Disturbo da stress post-traumatico complesso (C-PTSD)

Il disturbo da stress post-traumatico complesso (o C-PTSD) è il risultato dell'esposizione a traumi non eclatanti ma continui, per un tempo molto lungo. È esattamente il tipo di abuso che hai subito da tua madre ogni singolo giorno da quando sei nato. Quasi tutti i figli adulti di genitori narcisisti sviluppano questo disturbo e possono guarire (totalmente o parzialmente) solo con l'aiuto di uno psicoterapeuta. Nonostante questo, è possibile fare un lavoro su se stessi per iniziare a contrastare i sintomi principali del trauma complesso. In questo capitolo li analizzeremo uno per uno e vedremo cosa è possibile fare per attenuarli o persino eliminarli.

I cinque sintomi principali del disturbo post-traumatico complesso sono: flashback emotivi, vergogna patologica, auto-abbandono, critica interiore e ansia sociale.

Flashback emotivi

I flashback emotivi sono il sintomo più evidente del CTPSD. Quando accadono, molte persone non si rendono conto di ciò che gli sta accadendo, perché i flashback emotivi non hanno una componente visiva. Infatti, non si tratta del rivivere un evento traumatico accaduto nel passato in tutti i suoi particolari, inclusa soprattutto la componente visiva, ma c'è solo la componente emotiva di quell'evento. Per questo motivo è molto difficile riconoscere che l'improvvisa emozione che ti travolge nel presente è in realtà il vissuto emotivo di un evento passato.

Nel momento presente può accadere che improvvisamente ti senta ansioso, che il tuo sistema di difesa entri in azione e senta emozioni travolgenti ed intense che sono del tutto ingiustificate rispetto situazione in cui ti trovi in quel momento. Tutto questo può variare di intensità, come pure varia il tipo di emozioni che puoi avvertire.

Per esempio, potresti cadere in preda al panico e renderti conto che in quel momento non sta accadendo nulla che giustifichi tale panico. Oppure potresti improvvisamente entrare in uno stato dissociato e non capire perché ti senti molto insensibile e distaccato. Oppure ancora, potresti reagire con una rabbia del tutto ingiustificata rispetto alla situazione in cui ti trovi.

Se ti capita di provare emozioni travolgenti che non sembrano giustificate dalla situazione in cui ti trovi, probabilmente stai avendo un flashback emotivo. La cosa interessante è che nel momento in cui riconosci il fenomeno e riesci a risalire alle questioni irrisolte del passato da cui il flashback emozionale deriva, questo sintomo tende ad attenuarsi e perfino a scomparire.

Infatti, i flashback emotivi avvengono a causa del mancato riconoscimento delle emozioni derivanti dagli abusi psicologici subiti durante l'infanzia. Il genitore narcisista non ha mai convalidato le tue emozioni, di conseguenza per anni hai accumulato un'enorme carica emotiva che nessuno ha accolto e validato. Per questo, anche quando sei adulto e ti sei allontanato dal genitore narcisista, le tue emozioni visiva, ma c'è solo la componente emotiva di quell'evento. Per questo motivo è molto difficile riconoscere che l'improvvisa emozione che ti travolge nel presente è in realtà il vissuto emotivo di un evento passato.

Nel momento presente può accadere che improvvisamente ti senta ansioso, che il tuo sistema di difesa entri in azione e senta emozioni travolgenti ed intense che sono del tutto ingiustificate rispetto situazione in cui ti trovi in quel momento. Tutto questo può variare di intensità, come pure varia il tipo di emozioni che puoi avvertire.

Per esempio, potresti cadere in preda al panico e renderti conto che in quel momento non sta accadendo nulla che giustifichi tale panico. Oppure potresti improvvisamente entrare in uno stato dissociato e non capire perché ti senti molto insensibile e distaccato. Oppure ancora, potresti reagire con una rabbia del tutto ingiustificata rispetto alla situazione in cui ti trovi.

Se ti capita di provare emozioni travolgenti che non sembrano giustificate dalla situazione in cui ti trovi, probabilmente stai avendo un flashback emotivo. La cosa interessante è che nel momento in cui riconosci il fenomeno e riesci a risalire alle questioni irrisolte del passato da cui il flashback emozionale deriva, questo sintomo tende ad attenuarsi e perfino a scomparire.

Infatti, i flashback emotivi avvengono a causa del mancato riconoscimento delle emozioni derivanti dagli abusi psicologici subiti durante l'infanzia. Il genitore narcisista non ha mai convalidato le tue emozioni, di conseguenza per anni hai accumulato un'enorme carica emotiva che nessuno ha accolto e validato. Per questo, anche quando sei adulto e ti sei allontanato dal genitore narcisista, le tue emozioni

CAPITOLO 4
GUARIGIONE

4.1 Disturbo da stress post-traumatico complesso (C-PTSD)

Il disturbo da stress post-traumatico complesso (o C-PTSD) è il risultato dell'esposizione a traumi non eclatanti ma continui, per un tempo molto lungo. È esattamente il tipo di abuso che hai subito da tua madre ogni singolo giorno da quando sei nato. Quasi tutti i figli adulti di genitori narcisisti sviluppano questo disturbo e possono guarire (totalmente o parzialmente) solo con l'aiuto di uno psicoterapeuta. Nonostante questo, è possibile fare un lavoro su se stessi per iniziare a contrastare i sintomi principali del trauma complesso. In questo capitolo li analizzeremo uno per uno e vedremo cosa è possibile fare per attenuarli o persino eliminarli.

I cinque sintomi principali del disturbo post-traumatico complesso sono: flashback emotivi, vergogna patologica, auto-abbandono, critica interiore e ansia sociale.

Flashback emotivi

I flashback emotivi sono il sintomo più evidente del CTPSD. Quando accadono, molte persone non si rendono conto di ciò che gli sta accadendo, perché i flashback emotivi non hanno una componente visiva. Infatti, non si tratta del rivivere un evento traumatico accaduto nel passato in tutti i suoi particolari, inclusa soprattutto la componente passate sono ancora lì e ti chiedono di essere riconosciute e superate. Tutto quanto emerge durante un flashback emotivo deriva da dolore, traumi, disperazione e paura irrisolti. Per questo, il modo migliore per limitare questi episodi è prendersi il tempo necessario per riconoscere e ricollegare quelle emozioni al passato, elaborando il proprio vissuto.

Quando inizi a guarire, i tuoi flashback emotivi si verificheranno sempre meno frequentemente, ma fino a quando non sei completamente guarito potranno ripresentarsi. Per esempio, l'emozione schiacciante del rifiuto è un flashback emotivo, per cui potresti sentirti rifiutato in una situazione in cui non lo sei affatto, e tutto questo a causa di ciò che è accaduto durante la tua infanzia, quando hai subito il rifiuto di tua madre.

Pensa a quanto sia stato travolgente e terrificante per quel bambino piccolo che eri, e che ancora vive dentro di te, subire il rifiuto della propria madre. Una volta elaborata questa esperienza infantile ti sentirai molto meglio ed è l'aspetto positivo della guarigione dai flashback emotivi. All'inizio è molto difficile, ma quando impari a riconoscere ciò che sta succedendo e convalidi l'emozione che provi, ricordando a te stesso che si tratta del tuo passato ed ora la tua vita è diversa, noterai un grande miglioramento.

Per guarire devi accettare di provare quelle emozioni e non considerarle come un fatto negativo. Non è divertente, ma fa parte del recupero e non puoi superare il trauma e tornare completamente in contatto con te stesso fino a quando non sciogli i nodi irrisolti del tuo passato, che stanno chiedendo la tua attenzione mediante i flashback emotivi.

Nonostante, è bene ripeterlo, dovrai fare questo lavoro con l'aiuto di uno psicoterapeuta, vi sono alcuni consigli che puoi applicare anche da solo per affrontare i flashback emotivi.

1. Rassicurati. I flashback emotivi emergono da una parte della psiche che non ha il senso del tempo e che si sente impotente, senza speranza, circondata dal pericolo, così come ti sentivi durante l'infanzia. Tutti questi sentimenti e sensazioni non trovano corrispondenza nella tua situazione presente; pertanto, ti sentirai molto meglio ricordando a te stesso che adesso sei al sicuro e non sarai mai più in pericolo (è importante ripetere "*mai più*").

2. Poni dei limiti al comportamento altrui. Se qualcuno sta provocando i flashback con il suo comportamento, ricordati che non devi permettere a nessuno di trattarti male e sei sempre libero di allontanarti da persone e situazioni che non ti fanno sentire bene.

3. Parla in modo rassicurante al tuo bambino interiore. I bambini devono sapere che li ami incondizionatamente e che possono venire da te per conforto e protezione quando si sentono persi e spaventati. Questo vale anche per il tuo bambino interiore.

4. Ricorda a te stesso che sei un adulto ed hai tutte le risorse per proteggerti.

5. Resta in contatto con il tuo corpo nel presente. La paura porta a dissociarsi dal proprio corpo e dal presente, provocando ansia, intorpidimento e vertigini. Ma possiamo respirare profondamente e lentamente, chiedendo al nostro corpo di rilassarsi. Possiamo concentrarci sul momento presente per spegnere i meccanismi di autodifesa. Possiamo trovare un posto sicuro in cui semplicemente rilassarci.

6. Resisti all'autocritica interiore. Sostituisci il pensiero negativo e l'autocritica ingiustificata con un elenco di tutte le tue qualità e risultati, che imparerai a memoria.

7. Concediti di soffrire. I flashback sono un'opportunità per sfogare vecchi sentimenti inespressi di paura, dolore e abbandono e lasciarli andare.

8. Coltiva relazioni sicure e cerca supporto. Prenditi del tempo per stare da solo quando ne hai bisogno, ma non isolarti. Provare vergogna non significa che tu debba vergognarti. Informa i tuoi amici sui flashback in modo che possano riconoscerli e supportarti nel momento in cui accadono.

9. Impara a identificare i fattori scatenanti dei tuoi flashback emotivi.

10. Scopri a quali vissuti si riferiscono. I flashback sono opportunità per scoprire, convalidare e curare le ferite derivanti da abusi e abbandoni passati. Indicano anche le tue esigenze ancora insoddisfatte e possono fornirti la motivazione per soddisfarle.

11. Sii paziente. Occorre molto tempo per ridurre gradualmente la durata, l'intensità e la frequenza dei flashback. Il vero recupero è un processo graduale e progressivo. Non colpevolizzarti o scoraggiarti se hai delle ricadute, perché nel percorso di cambiamento è normale fare due passi avanti e un passo indietro.

Vergogna patologica

È importante esaminare la vergogna patologica perché, purtroppo, i genitori narcisisti crescono i loro figli nella vergogna. La vergogna è quella sensazione che accompagna il senso di colpa, quando hai fatto qualcosa di sbagliato e ti dispiace. È normale e perfino salutare. Tuttavia, la vergogna diventa patologica quando non ti senti più male per qualcosa che hai fatto ma ti senti male per quello che sei. In altre parole, non vedi le tue azioni come cattive, ma vedi te stesso come cattivo e questo è l'aspetto più dannoso. La vergogna patologica è quando ti senti come se la tua essenza fosse negativa, come se ci fosse qualcosa che non va in te e provi costantemente questa sensazione.

Spesso i genitori narcisisti dicono ai bambini che sono cattivi, invece di limitarsi a biasimare le loro azioni. Invece di aiutare il bambino a capire che ha fatto un errore, senza pregiudicare la sua identità, lo fanno vergognare e pentire per il suo modo di essere. Di conseguenza, il bambino non impara a gestire la vergogna perché vi resta immerso per così tanto tempo che diventa parte della sua personalità.

A differenza della normale vergogna, la vergogna patologica diventa parte della nostra identità personale. Una persona che ne soffre sperimenta un senso cronico di inutilità, bassa autostima e odio verso di sé, tutti collegati alla convinzione di essere innatamente vergognosi o cattivi.

Ecco alcuni sintomi da tenere in considerazione se ritieni di soffrire di vergogna patologica, soprattutto se sospetti di avere, o ti è stato diagnosticato, il disturbo da stress post-traumatico complesso (C-PTSD).

- Rivivi spesso ricordi traumatici del passato che ti hanno causato vergogna. Guardi spesso al passato rimuginando su di esso e provando un senso di vergogna costante.

- Provi sospetto e diffidenza verso le altre persone, anche quando stanno cercando di essere gentili. Ti aspetti sempre che qualcuno ti faccia del male perché non pensi di essere degno di ricevere attenzioni positive dagli altri.

- Odio per se stessi ed autostima molto bassa.

- Sensazione di indegnità cronica e relazioni disfunzionali con le altre persone.

- Auto-sabotaggio.

- Paura di trovarti in una situazione che ti faccia vergognare di te stesso.

- Ti senti un bugiardo o un impostore.

- Pensi di non meritare nulla e doverti accontentare di poco.

- Sei spesso arrabbiato o sulla difensiva.

- Potresti apparire molto forte, avere una personalità brillante e cercare costantemente di piacere agli altri. Potresti anche soffrire di dipendenza nel tentativo di attenuare il senso di vergogna.

È importante ricordare che la vergogna patologica influenza le credenze che hai su te stesso. Il tuo sistema di credenze potrebbe essere molto negativo, pertanto alcune delle tue convinzioni potrebbero essere: "*Sono stupido*", "*Non faccio mai niente di giusto*", "*Sono una persona cattiva*", "*Sono difettoso*", "*C'è qualcosa di sbagliato in me*", "*Odio me stesso*", "*Sono un fallimento*", "*Nessuno potrebbe mai amarmi davvero*", "*Nulla di ciò che faccio è giusto*", "*Non sarei mai dovuto nascere*".

Un esercizio utile per attenuare la vergogna patologica è scrivere quali sono le tue convinzioni fondamentali su te stesso. Scrivi le credenze positive e quelle negative. Verifica se le credenze fondamentali sono per lo più negative. Se non è tutto negativo, può essere un buon punto di partenza. A questo punto, potrai consultare uno psicoterapeuta per analizzare e smontare le credenze negative e costruire un'immagine di te più realistica ed equilibrata, eliminando la vergogna patologica.

Auto-abbandono

Il tuo amore è tradito perché ti sei fidato di tua madre e ci si aspetta che l'amore di un figlio venga ricambiato dal genitore. Il tradimento più doloroso del narcisista è spingere il proprio figlio ad impegnarsi nell'auto-tradimento o nell'auto-abbandono.

Vediamo ora di risalire alle cause originarie dell'auto-abbandono. Che dire dei bambini che subiscono la rabbia della loro madre narcisista ogni volta che tentano di esprimere se stessi? Che ne sarà di un bambino che vuole sperimentare una nuova attività oppure vuole seguire una sua passione e per questo viene punito? Quei bambini inizieranno a sentirsi oppressi, arrabbiati ed emotivamente controllati senza capire perché stanno subendo un trattamento ingiusto e patologico. Spesso accade che i bambini rivolgano la loro rabbia verso se stessi e rinuncino ai propri desideri per non far arrabbiare la madre. Nel tempo, questi figli iniziano a perdere la loro identità e arrivano a pensare che il loro unico scopo sia quello di compiacere la madre narcisista.

Ecco alcuni sintomi a cui prestare attenzione se sospetti di soffrire di auto-abbandono.

1. Dici di sì ma vorresti dire di no. Si tratta della sostanziale incapacità di dire di no. Se ti senti sempre in dovere di dire sì e questo ti provoca disagio, allora ti stai auto-abbandonando perché non stai ascoltando come ti senti. Sei preoccupato solo di accontentare gli altri, trascurando te stesso.

2. Non esprimi ciò che pensi e senti veramente. Forse ti capita di far tuoi i pensieri degli altri perché temi che, esponendo i tuoi, potresti venire respinto. Piuttosto che essere respinto dagli altri, finisci per reprimere i tuoi veri sentimenti e pensieri.

3. Ti accontenti di avere meno di quanto meriti. Forse c'è qualcuno nella tua vita che ti tratta male e tuttavia non allontani questa persona, pensando di non meritare di meglio.

4. Fai qualcosa che non vorresti fare, solo per accontentare gli altri. Segui la folla, non vuoi mai essere tu a dare un'opinione diversa o seguire una strada diversa a causa della paura del rifiuto. Ancora una volta, trascuri i tuoi desideri e sentimenti.

5. Consenti agli altri di maltrattarti, criticarti o ignorarti senza porre fine a questo comportamento in modo assertivo.

6. La paura determina le tue decisioni. Tutto ciò che fai è motivato dalla paura.

7. Rifugiarsi nelle dipendenze. Potrebbe essere l'alcol, il sesso, la droga, lo shopping, le abbuffate, le serie TV, i social o qualsiasi altra cosa che ti permette di vegetare e non doverti concentrare sui tuoi sentimenti, i tuoi pensieri o qualcosa che ti riguarda. Cerchi di anestetizzarti e fuggire dalla realtà con una di queste dipendenze.

8. Ti metti sempre all'ultimo posto e non ti preoccupi mai di ciò che vuoi, dando priorità a ciò che gli altri vogliono.

9. Ti giudichi negativamente ed hai una forte voce critica interiore che ti fa pensare: "*Non sono abbastanza bravo*", "*Sono inadeguato*", "*Sono un perdente*", "*Sono brutto*", "*Sono stupido e non posso fare niente di buono*", "*Faccio sempre gli stessi errori*", "*Non sarò mai una brava persona*" oppure "*Non sarò mai amato*".

10. Stai sempre rimuginando su ciò che gli altri pensano di te e su come ti giudicano, al punto che ignori completamente i tuoi sentimenti perché sei troppo concentrato su ciò che pensano gli altri.

11. I tuoi sentimenti dipendono dalle altre persone. Il narcisista ti fa sentire responsabile dei suoi sentimenti. Per esempio, stai costantemente cercando di compiacere tua madre, seguendola, annullando la tua personalità per compiacerla e questo ti rende infelice. Allo stesso tempo, ti stai trascurando perché non ti accorgi che non hai bisogno dell'approvazione di quella persona per sapere chi sei e che tipo di persona sei. Pertanto, essere padrone dei tuoi sentimenti è molto importante.

Altri sintomi emotivi dell'auto-abbandono sono: ansia, depressione, stanchezza, dolori inspiegabili, persino malattie croniche.

Detto questo, cosa puoi fare se riconosci di avere la maggior parte di questi sintomi? Lo scopo di capire se ti stai auto-abbandonando è riconoscere ciò che è rotto, per ripararlo. Ecco alcuni suggerimenti che puoi iniziare ad applicare per porre fine all'auto-abbandono.

1. Sii comprensivo con te stesso. Non abbatterti durante il tuo processo di guarigione. Non vedere la tua guarigione come l'unico traguardo o come l'unica cosa positiva. Non conta solo la mèta, ma anche il viaggio.

Sviluppa autocompassione e comprensione per le tue fragilità.

2. Scopri perché ti auto-abbandoni. Quando è iniziato? Che cosa hai paura di perdere o non ottenere? L'approvazione? La sicurezza? I soldi? L'amore? Trova la causa principale delle tue paure e scrivila. Un diario sarebbe molto utile in questo senso.

3. Fai un inventario della tua vita. C'è qualcosa a cui stai dedicando tempo ed energie ma sai che dovresti abbandonare? Potrebbe essere una convinzione che hai di te stesso o un'attività, un comportamento in cui ti stai impegnando. Identifica che cosa necessiti per iniziare cambiare i tuoi pensieri o le tue convinzioni. Ancora una volta, potrebbe essere utile tenere un diario in cui affronti queste questioni.

4. Ogni giorno trova il tempo per prenderti cura di te. Prenditi cura del tuo corpo, fai esercizio fisico, mangia in modo sano e vesti in modo da sentirti felice. Non deve essere un abbigliamento costoso, ma dimostra a te stesso che sei degno di dedicare tempo e attenzione per curare la tua immagine. Curati emotivamente sviluppando un dialogo compassionevole, evitando di giudicarti negativamente tutto il tempo. Cerca qualità positive in te stesso. Pensa quotidianamente a tre cose che ti piacciono ed apprezzi di te stesso. Ancora una volta, puoi tenere traccia di tutto in un diario quotidiano per allenare la tua mente a considerarti in modo più positivo. Inizia a considerare te stesso e darti credito per le cose positive che possiedi. Ripeti "*Sono imperfetto e tuttavia va benissimo come sono*".

5. Ogni giorno scrivi come ti senti. Quali sono i tuoi pensieri? Quali sono le tue emozioni, i tuoi desideri? Cosa è importante per te? L'elenco non deve essere lungo e potrebbe essere composto anche solo da una o due frasi. Lo scopo è iniziare a prestare attenzione ai tuoi pensieri, desideri, interessi e tutto ciò che è importante per te. I genitori narcisisti insegnano ai figli che concentrarsi su se stessi è egoista e sbagliato; invece, dovremmo renderci conto che non c'è niente di sbagliato nel focalizzarci su noi stessi in modo sano.

6. Prendersi del tempo per leggere o ascoltare dei contenuti utili per imparare modi più sani di pensare e di vedere te stesso.

Ancora una volta, se sospetti di avere il disturbo da stress post-traumatico complesso, l'auto-abbandono è un sintomo che non puoi trascurare. Ogni volta che lavoriamo su un sintomo, stiamo facendo un altro passo avanti nel nostro percorso di guarigione.

Critica interiore

Le persone che hanno una madre narcisista e di conseguenza hanno vissuto un attaccamento di tipo traumatico durante la prima infanzia, sviluppano una potentissima voce critica interiore per proteggersi da ulteriori critiche, umiliazioni e sentimenti di abbandono. Le persone senza problemi di attaccamento possono sviluppare una sana autocritica, ma nel caso del figlio traumatizzato di un genitore narcisista questa voce critica interiore è prevaricatrice, al punto da controllare e gestire la sua vita.

In una persona che ha avuto uno sviluppo traumatico, la voce critica interiore non si limita a dire "*Ehi, hai fatto un errore*" ma è molto più estrema: "*Sei un errore, non meriti nulla di buono, sarai sempre pigro, sarai sempre poco amabile e indesiderato*" e così via. Queste critiche interiori partono da una situazione specifica e la generalizzano, minando l'autostima. Se hai sperimentato un trauma da attaccamento nella prima infanzia, potrebbe esserci una parte di te ancora bloccata in quella fase di sviluppo emotivo e ci saranno situazioni che attivano ancora quel bambino piccolo che è dentro di te, bloccato in quella fase emotiva.

La voce critica interiore è una parte del sé che spesso odia il bambino interiore, perché lo trova immaturo, fuori controllo, sensibile, debole ed emotivo. Ma vi sono anche dei casi in cui, all'estremo opposto, si sviluppa un livello eccessivo di autoindulgenza.

Esistono diversi tipi di voci critiche interiori.

1. Il perfezionista. Ti ripete che devi sempre fare tutto perfettamente, che devi essere perfetto oppure nessuno ti vorrà. Questo livello di perfezionismo può spesso portare a paralisi e procrastinazione, perché non vuoi fare nulla a meno che non possa essere fatto perfettamente e finisci per non fare molte cose a causa di questa paura.

2. Il formatore. È molto simile al perfezionista, ma con un approccio leggermente diverso. La voce del formatore ti vuole modellare in base a come le altre persone desiderano che tu sia, per essere accettato. Questa voce ti disconnette dalla tua vera identità e dai tuoi desideri.

3. L'accusatore. È la voce che ripete "*Sei cattivo, non meriti il perdono, non te lo meriti perché non solo hai commesso un errore, ma sei tu stesso un errore*". Questa è una delle voci critiche predominanti e si sviluppa soprattutto in situazioni in cui vi è religiosità mescolata al trauma dell'attaccamento.

4. Il demotivatore. Questa voce interiore ti impedisce di andare avanti, avere successo e seguire i tuoi sogni, perché afferma che il fallimento è inevitabile. Afferma che non sei abbastanza bravo ed è meglio non agire piuttosto che fallire, essere rifiutato o deriso.

5. Lo schiavista. Questa voce ti dice che devi sempre lavorare di più.

Non ti è mai permesso fare una pausa o avere del tempo libero per rilassarti. Devi sempre fare qualcosa, devi sempre essere occupato. Questa parte si sviluppa soprattutto in risposta a genitori che spingono i loro figli a fare sempre di più e i bambini hanno sempre la sensazione di dover essere impegnati perché i genitori non li accetteranno se li vedono giocare o rilassarsi.

6. Il supervisore. Questa voce controlla ogni singola cosa che fai e ti dice costantemente *"Non stai facendo bene, fallo in questo modo"* oppure *"Non stai indossando i vestiti giusti"*, *"Non lo stai facendo abbastanza velocemente"*, *"Non stai mangiando il cibo giusto"*, *"Sei disgustoso"*. Ancora una volta, ha lo scopo di prevenire le critiche di altre persone, ma finisce per controllare la tua vita. Questa parte si sviluppa in risposta ad un genitore narcisista che controlla ogni piccola cosa che suo figlio fa, invece di farsi da parte e lasciare che possa fare le sue esperienze autonomamente.

7. Il distruttore. Questa è la voce critica più dura, perché vuole semplicemente schiacciare la forza vitale che è in te. Ti dice che non sei adatto a questo mondo e non meriti nemmeno di esistere. Non sempre si traduce in pensieri suicidi o tentativi di suicidio, ma provoca sempre auto-punizione ed auto-sabotaggio.

Per tentare di arginare queste voci interiori (o pensieri intrusivi), è importante capire che non si tratta della voce dei tuoi genitori ma sono un meccanismo di autodifesa della tua psiche. Suggerisco di identificarle e riconoscerle, come se stessi conoscendo un nuovo amico. Anche se quello che fanno ti mette in difficoltà e ti danneggia, hanno buone intenzioni, vogliono proteggerti, quindi cerca di comprendere il loro ruolo nella tua vita.

Esercitando la tua curiosità, comprensione ed accettazione su queste voci, allenterai la tensione interiore e potrebbero diminuire o sparire completamente. In particolare, potrebbero risolversi se raggiungi l'intima convinzione che non hai più bisogno di protezione perché ora sei adulto e nessuno può trattarti come faceva tua madre quando eri bambino.

Ansia sociale

L'ansia sociale può essere abbastanza invalidante e si verifica quando interagiamo con gli altri in diversi contesti sociali. Potrebbe sorgere durante incontri individuali oppure in gruppo; inoltre potrebbe verificarsi interagendo con sconosciuti oppure con persone che conosciamo e persino con i nostri familiari.

Quando si sperimenta l'ansia sociale, può accadere di regredire ad uno stadio psicologico infantile. Questo può accadere perché l'origine dell'ansia sociale risiede in episodi dell'infanzia e molto spesso deriva dal rapporto del bambino con le prime figure di accudimento, soprattutto con la madre.

Un pensiero tipico derivante dall'ansia sociale è *"Perché dovrebbero essere interessati a me?"* e si può immaginare quanto sia difficile interagire con gli altri essendo convinti che non sono interessati a ciò che abbiamo da dire. È una forma di indegnità. Se soffri di ansia sociale, potresti aver vissuto durante l'infanzia in un ambiente dove spesso ti veniva detto di tacere o di stare in disparte e nessuno era interessato a ciò che avevi da esprimere.

I bambini e gli adolescenti assorbono la realtà come spugne e se vengono addestrati a pensare che la loro opinione sia insignificante e nessuno li vuole ascoltare, conservano questa convinzione anche nell'età adulta.

I bambini costruiscono la loro realtà a partire dalle percezioni che hanno di loro stessi e degli altri e di come interagiscono con loro. Se la conclusione a cui si arriva durante l'infanzia è *"Quello che dico è inutile, nulla di ciò che dico è significativo, nessuno vuole ascoltarmi"*, questa convinzione si conserverà nell'età adulta a livello più o meno inconscio.

Un altro sentimento derivante dall'ansia sociale è l'indegnità. Pensi: *"Non sono degno di essere in questa situazione e non mi sento all'altezza"*. Se durante l'infanzia sei stato messo in disparte, oppure eri il più trascurato dei figli o sei stato umiliato in pubblico, queste brutte esperienze possono causare sentimenti di indegnità nelle situazioni sociali in età adulta. Ti senti come quando eri bambino perché il tuo cervello è stato programmato in quella fase ed è così che la tua mente percepisce la realtà anche in età adulta, se non la riprogrammi.

Un altro sintomo dell'ansia sociale è la sensazione che le persone ti stiano giudicando. Potresti incontrare nuovi potenziali amici o nuove persone al lavoro ed avere la sensazione di essere giudicato in qualche modo: *"Pensano che io sia un idiota?"*, *"Stanno pensando che sembro imbarazzante?"*, *"Pensano che io sia strano?"*. Può trattarsi di una voce invadente nella tua mente oppure solo una sensazione. Forse da bambino ti sei sentito costantemente giudicato, eri sempre attenzionato negativamente mentre tutti in famiglia misuravano le tue prestazioni in ogni occasione.

Quando proviamo ansia sociale, possiamo avere la sindrome dell'impostore: pensieri come *"Non appartengo a questo posto"* oppure *"Non mi inserirò mai in questo ambiente"*. Potrebbe essere che nei tuoi anni giovanili non sei stato esposto a molte situazioni sociali e non ci sei abituato. Per esempio, non hai socializzato con molti bambini e sei rimasto a casa per la maggior parte del tempo. Infatti, non essere abituato a socializzare con gli altri può farti sentire un impostore.

Un altro segno di ansia sociale è rimproverarsi per come abbiamo interagito con gli altri. Alla fine di un incontro, rimuginiamo su come ci siamo comportati e abbiamo interagito. Questo può derivare dal fatto che durante l'infanzia hai ricevuto molte critiche e soprattutto non hai ricevuto il supporto e la convalida di cui avevi bisogno per sentirti socialmente accettato.

Altre volte, quando sperimentiamo ansia sociale possiamo sentirci intimiditi o perseguitati. Possiamo percepire un'offesa che non esiste. Gli esseri umani sono in gran parte esseri sociali e se subiscono intimidazioni e persecuzioni durante il loro sviluppo, impareranno a restare molto sulla difensiva nelle situazioni sociali.

Spesso, le persone con ansia sociale sono un po' camaleontiche, cambiano la loro personalità per adattarsi agli altri. Adattarsi ad una sola persona è relativamente facile, ma quando si tratta di interagire in gruppo è molto più complicato fingere per adattarsi a tutti. Alla fine, questo continuo adattamento è logorante e chi soffre di ansia sociale tende ad evitare incontri di gruppo perché li trova estenuanti.

È importante fare attenzione anche ai sintomi fisici dell'ansia sociale, in modo da esserne più consapevoli. Uno di questi è la tensione in tutto il corpo. La voce può iniziare a tremare o finisci per parlare troppo in fretta. Puoi anche arrossire, oppure puoi sembrare molto rigido, come un robot, perché non sai come posizionarti o non sei in grado di rilassare il corpo. Altri sintomi di tensione fisica sono: respiro veloce e superficiale, sudorazione, agitazione, incapacità di pensare, fatica a trovare parole, balbuzie e incapacità di stabilire un contatto visivo.

Molte persone pensano che l'ansia sociale consista solo nel preoccuparsi troppo di quello che pensano gli altri, ma è molto di più. Se un membro della famiglia ci ha sempre umiliato e preso in giro davanti agli altri, questo ci ha "programmato" ad associare le situazioni sociali ad esperienze umilianti. Per questo, un sentimento costante di umiliazione aleggia più o meno consciamente in ogni situazione sociale dell'età adulta.

Non sempre tutto quanto descritto accade a livello cosciente. Potresti semplicemente provare forti emozioni e sintomi senza sapere il perché. Certi sintomi si presentano in situazioni sociali perché l'inconscio si attiva e proietta il passato nella situazione presente. Ne deriva un impulso a fuggire dalla situazione oppure evitarla fin dall'inizio, perché il subconscio sta cercando di prevenire il dolore. La mente inconscia pensa che la situazione umiliante vissuta nell'infanzia accadrà di nuovo, l'anticipa e cerca di proteggerti.

Considerata questa complessità, la guarigione dall'ansia sociale richiede tempo e non esiste una soluzione rapida. Ci sono due cose che possiamo fare quotidianamente: lavoro sulla mente cosciente e lavoro sulla mente inconscia. Fare un lavoro sull'inconscio implica tornare indietro nel tempo e risalire ai ricordi di eventi traumatici passati, per poi utilizzare varie tecniche per superare il trauma. È necessario consultare un terapista che utilizzi la PNL, l'ipnosi o le tecniche EMDR per riprocessare questi ricordi, ma vi sono anche alcune cose che puoi fare da solo.

Per esempio, potresti recuperare il ricordo della prima volta in cui ti sei sentito umiliato di fronte agli altri. Rilassandoti e concentrandoti sul tuo respiro puoi rivisitare quel ricordo traumatico come un osservatore esterno, immaginando di assistere alla scena in terza persona.

Il passo successivo consiste nell'interagire con il tuo io più giovane, presente sulla scena. Nella tua mente, metti in pausa l'azione e parla con il tuo bambino interiore, per rassicurarlo, incoraggiarlo o consolarlo (a seconda di che cosa ha bisogno di sentirsi dire in quel momento, date le circostanze). Per esempio, se nella scena i tuoi fratelli ti stanno umiliando e insultando, puoi dire al tuo io bambino "*Non sanno cosa stanno dicendo, non lo pensano davvero. Quando cresceranno saranno dispiaciuti per questo*". Puoi anche dargli dei rinforzi positivi con frasi affermative del tipo "*Meriti di essere amato*" o "Sei un bambino meraviglioso" e l'inconscio ascolterà queste affermazioni positive. Dai a quel bambino, che vive ancora dentro di te, l'affetto che merita.

Guardando la scena dall'esterno, rivivrai quelle esperienze in un modo emotivamente più neutro e le tue reazioni automatiche dovrebbero diminuire di intensità nel presente. Se però senti che questa operazione potrebbe risultare troppo dolorosa o destabilizzante, considerando il tuo vissuto, non attuarla da solo ma con l'aiuto di un professionista.

Un esercizio meno impegnativo è tenere un diario, in modo da poter avere una conversazione con te stesso su carta. Per esempio, chiedi al tuo inconscio di riportarti alla prima volta in cui ti sei sentito in umiliato e scrivi ciò che stai pensando e sentendo ed i ricordi che emergono. È un buon modo per attenuare la portata emotiva del tuo vissuto. In ogni caso è comunque necessario rivolgersi ad uno psicoterapeuta.

Riguardo il lavoro sulla mente conscia che puoi svolgere autonomamente, l'esercizio più semplice consiste nel fare affermazioni come "*Sono una persona forte e sicura*", "*Sono degno di queste situazioni sociali*", "*Ho molte cose interessanti da dire*", oppure qualunque altra frase tu abbia bisogno di sentirti dire. Rassicurati ripetendo le affermazioni di cui hai bisogno per sentirti meglio (almeno 3 frasi con 10 ripetizioni) e col tempo dalla mente conscia penetreranno nell'inconscio e ti sentirai molto meglio.

Infine, parla da solo allo specchio. Chiedi a te stesso cosa c'è che non va in certe situazioni: "*Perché mi sono sentito così in quella situazione sociale?*" o "*Perché temo questa situazione sociale?*" e ascolta la risposta. Potresti improvvisamente provare emozioni o potresti sentire una voce nella tua mente che dice "*Oh, è stato terribile*" oppure "*Temo che farò la figura dell'idiota*". Parla con te stesso e rassicurati: "*Non farai la figura dell'idiota, sei una persona meravigliosa, gli altri ti apprezzeranno*". Ancora una volta, questo dialogo penetrerà nell'inconscio che sovrascriverà queste informazioni cancellando la programmazione traumatica che hai subito durante l'infanzia.

È importante far uscire i ricordi e rielaborarli, con l'aiuto di un professionista e da solo. Col tempo noterai dei miglioramenti.

4.2 Consigli per l'auto-guarigione

Anche se il trauma complesso deve essere trattato consultando un professionista, posso darti alcuni consigli su come iniziare a superare l'abuso narcisistico perpetrato da un genitore.

Comprensione e accettazione.

Il primo consiglio è di **capire** perché tua madre ha fatto certe cose, perché i tuoi familiari e tutte le persone coinvolte sono come sono. Capire perché si verifica un determinato comportamento e da cosa deriva ti aiuta ad accettare il tuo vissuto, senza per questo pensare che quei comportamenti fossero giusti. Ora che sei adulto puoi capire che il comportamento di tua madre non ha nulla di personale, che lei si sarebbe comportata allo stesso modo con chiunque fosse stato al tuo posto.

Il modo migliore per non subire più le conseguenze del comportamento di tua madre, è comprenderlo ed accettarlo. Lei non è in grado di dare, di avere una vera connessione o essere lì per te. Quindi, quando fa qualcosa che ti ferisce o ti umilia, puoi allontanarti da quella situazione perché sai che non sei tu la causa di quel comportamento.

Comprendendo che purtroppo si tratta di una persona malata, non dovresti prendere quello che fa e dice come un fatto personale e non c'è niente che tu possa fare per cambiare le cose.

Questo era il passo numero uno: **accettare** chi è e la sua incapacità di essere lì per te emotivamente. Se il comportamento è troppo grave, puoi scegliere di interrompere ogni contatto. Solo perché abbiamo dei genitori, non significa che dobbiamo avere relazioni con loro. Quando diventiamo adulti, possiamo scegliere chi fa parte della nostra vita e chi no.

Elimina i pensieri negativi.

Molti pensieri negativi derivano dalla relazione che hai avuto con i tuoi genitori. Pertanto, quando ti sorge un pensiero negativo, devi capire se deriva dalla programmazione che hai subìto fin da bambino. Quando comprendi le origini dei tuoi pensieri e sai che un dato pensiero negativo non è realmente tuo, non lo prenderai più sul serio e sarà molto più facile eliminarlo. Imparare a scartare i pensieri negativi frutto di condizionamento ti permette di vivere una vita più serena e felice.

Affronta i tuoi genitori.

Un altro passo verso la guarigione è imparare ad affrontare il tuo genitore narcisista e questo non significa che devi solo dire cosa pensi e quanto ti senti arrabbiato.

Significa affermare te stesso, affermare come vuoi essere trattato e se tua madre supera il limite allora modifichi la relazione e le tue aspettative su di lei.

Diventa genitore di te stesso.

Il *Reparenting* è una tecnica utilizzata da alcuni psicoterapeuti per riparare i danni causati da un genitore trascurante e/o abusante. Non è facile trovare un professionista con cui costruire una relazione terapeutica così forte da consentire il *Reparenting*, ma vale la pena provarci. Premesso che il mio consiglio principale è di cercare un valido psicoterapeuta, spiegherò come sia possibile auto-ripararsi diventando genitori di se stessi.

Essere trascurati e maltrattati durante l'infanzia ti fa mancare un buon genitore interno, cioè non hai interiorizzato una figura che ti guidi e si prenda cura di te. In una situazione normale questa figura interiore diventa parte integrante della personalità adulta, mentre chi non la possiede conserva dentro di sé una parte bambina che attende di essere accudita per diventare adulta. Di conseguenza, per guarire e funzionare correttamente devi dare al tuo bambino interiore le cure che non hai ricevuto, altrimenti porterai dentro di te questo bambino sofferente per il resto della tua vita.

Il *Reparenting* è un processo molto complesso, che riguarda ogni singolo aspetto della vita. Inizia con la consapevolezza di ciò che ti manca e si conclude con la convalida di te stesso, in riparazione dell'invalidazione che hai subito per tutta la vita.

Prima di tutto, devi sviluppare un buon **dialogo interiore**, individuando la parte di te ancora bambina che necessita di accudimento. In secondo luogo, cerca di essere un buon genitore nei confronti del tuo bambino interiore. Cosa volevi ricevere dai tuoi genitori? Cosa volevi che tua madre ti dicesse e non ti ha detto? Come volevi che ti trattasse? Questo è il primo passo per diventare genitori di se stessi.

Si tratta essenzialmente di conoscere meglio te stesso e ciò di cui hai bisogno. Quali sono le cose che devi dire a te stesso, che sono utili ed incoraggianti? Pensaci. Puoi iniziare ad incoraggiarti notando degli aspetti positivi, dei miglioramenti, dei piccoli o grandi traguardi che stai perseguendo. Devi sviluppare questo dialogo interiore che ti fa costantemente sentire meglio e sostituirlo ad eventuali voci critiche interiori, derivanti dalla tua infanzia.

Un altro aspetto del diventare genitori di se stessi è la **disciplina**. Un genitore sano e presente sarà in grado di disciplinare i propri figli, che interiorizzeranno il suo insegnamento. Se sei stato trascurato durante l'infanzia e non hai un genitore interiore, probabilmente non sei in grado di disciplinarti nella vita di tutti i giorni. Disciplinare te stesso sarà molto difficile all'inizio, ma è una parte molto importante del percorso di guarigione. In questo processo ti potrebbe essere molto d'aiuto un life coach, oppure praticare delle attività che richiedono molta disciplina (per esempio sport, arti marziali, lo studio di uno strumento musicale ecc.), con l'aiuto di un allenatore o un insegnante.

Non dimenticare mai che il tuo benessere è importante. Devi iniziare a farti strada attraverso il dolore e fare cose positive per te stesso.

CONCLUSIONI

Non possiamo vivere costantemente nel passato. Tua madre ha creato in te profonde ferite, che devi individuare e curare. Proprio come qualsiasi ferita, devi cambiare la medicazione dopo un paio di giorni: pulirla di nuovo e ricoprirla in modo che possa guarire completamente. Questo è il tipo di lavoro che porta alla guarigione. Inizia con l'accettazione di tua madre per quello che è, accettando il tuo passato e lavorando per creare un futuro migliore per te stesso.

L'unico modo è imparare ad avere un rapporto affettivo con te stesso, dandoti quelle cose che avresti voluto ricevere da tua madre, per permetterti di maturare e guarire dalla dipendenza affettiva e da tutte le altre ferite emotive. Potrebbe essere un viaggio molto lungo, ma non è necessario farlo interamente da soli. Cerca aiuto e lo troverai, anche se il lavoro dovrai farlo tu e non può farlo nessun altro al tuo posto.

Ricorda che un viaggio di mille chilometri inizia con un solo passo e spero che questo libro ti aiuti a fare un buon passo avanti.

Printed in Great Britain
by Amazon